Ick loof,
weil's mi gfreit!

ÜBER DEN AUTOR Reisen stellt für mich eine der schönsten Möglichkeiten dar, Neues zu erfahren. Dabei muss man oft nicht einmal weit wegfahren, sondern kann unweit der eigenen Haustür entfernt unbekannte Landschaften erkunden. Bereits seit 2018 beschäftige ich mich verstärkt mit den Wechselwirkungen der Natur auf uns Menschen und habe seitdem regelmäßiges Waldbaden und häufige Ausflüge ins Umland in meinen Alltag integriert. Dazu blogge ich auch unter *https://draussentutgut.de.*

Das langsame Reisen beim Wandern führt – trotz oder wegen der körperlichen Anstrengungen – zur intensiven Wahrnehmung der Umgebung und verankert die positiven Eindrücke tief in der Erinnerung. Mehrere Wochen zu Fuß die Regionen zwischen Berlin und München kennen zu lernen, war für mich eine tolle Erfahrung, die ich in diesem Buch teile. Gleichzeitig möchte ich zum eigenen Erkunden anregen.

Daniel Krezdorn

Ick loof, weil's mi gfreit!

ZU FUSS UNTERWEGS VON BERLIN NACH MÜNCHEN

© Originalausgabe April 2021
Die Rechte an der Originalausgabe
liegen bei Daniel Krezdorn
1. Auflage 2021
Gestaltung und Satz: Herr K | Jan Kermes, Leipzig
Karten: © OpenStreetMap contributors
Verlag: BoD – Books on Demand, Norderstedt
Herstellung: BoD – Books on Demand, Norderstedt
Auch erhältlich als E-Book
ISBN 978-3-753425-15-3

Das Kartenmaterial entstammt dem Datensatz von openstreetmap.org.
Vielen Dank an dieser Stelle für die unkomplizierte Bereitstellung des
Materials unter ODbL! Weitere Informationen zu dem Gemeinschaftspro-
jekt und der Verwendung von frei zugänglichen Daten finden sich unter:
https://www.openstreetmap.org und *https://opendatacommons.org/*

Der vorliegende Text stellt die persönlichen Erfahrungen des Autors
während der Wanderung dar und erhebt in diesem Zusammenhang weder einen Anspruch auf Allgemeingültigkeit noch auf Vollständigk eit.
Die Empfehlungen des Autors stellen keine Handlungsanweisung dar.
Die Kontaktadressen der Unterkünfte entstammen öffentlich zugänglichen Quellen und sind lediglich als Hilfestellung für die Planung eige-
ner Touren gedacht.

Trotz aller Sorgfalt sind Fehler leider nicht auszuschließen. Berichtigun-
gen oder Verbesserungsvorschläge können mir gerne über die Kontakt-
daten auf meinem Blog mitgeteilt werden.

Inhalt

Vorbemerkung

»Du willst von Berlin nach München laufen? Ja klar, guter Scherz!«

Oder: »Was soll das denn bringen, zu Fuß von Berlin nach München zu laufen noch dazu im Corona-Jahr?«

Andere sagten knallhart: »Nach einer Woche haste keinen Bock mehr und 20 Blasen an den Füßen, so wenig Erfahrung, wie Du in sowas hast.«

Das waren einige Reaktionen als ich Bekannten von meiner Idee erzählt habe. Bei manchen konnte man deutlich im Gesicht ablesen: Spinner!

Es gab aber auch positive Reaktionen, die mich darin bestärkt haben. Die wollten es dann ganz genau wissen, wo ich wann und wie laufe, obwohl ich das teilweise selbst noch nicht wusste. Andere haben mir zugesprochen und gemeint: »Mensch, so etwas wollte ich auch schon lange machen, habe mich aber bisher nie getraut, so ganz allein – oder mir hat schlicht die Zeit gefehlt.«

Da ich es aber definitiv machen wollte, habe ich mich von den positiven Aussagen ermutigt gefühlt; die ungläubigen bzw. belächelnden Stimmen habe ich als Ansporn gesehen.

Aber von vorne:

Als meine Freundin für einen neuen Job nach München gezogen ist, war meine Begeisterung, ihr nachzuziehen erst einmal nicht groß. Fühlte ich mich doch so ein wenig wie der Protagonist aus dem Buch »Na Servus« von Sebastian Glubrecht, das mir meine Freundin als Beschwichtigungslektüre ans Herz gelegt hatte. Ein Wahlberliner, wie ich, der sich alles vorstellen konnte, nur nicht unbedingt nach München zu ziehen. Am Ende wird aber doch alles nicht so schlimm in München, wie der Protagonist befürchtet hatte und er verliebt sich regelrecht in den bayerischen Menschenschlag.

Ich wollte meiner Freundin zwar schon nach München folgen. Aber einfach in ein Transportmittel steigen, um dorthin zu kommen und dadurch das Kapitel Berlin innerhalb weniger Stunden zu schließen, wollte ich nicht. Man braucht mit dem Flugzeug und Zug von Innenstadt zu Innenstadt knapp 4 Stunden, mit dem Auto bzw. dem Bus sind es knapp 2 bzw. 4 Stunden mehr. Das war mir zu schnell.

Also blieben mir nur das Fahrrad oder die Füße. Ich hatte in dieser Zeit eine Dokumentation über die Walz der Handwerker gesehen und war von der Idee angefixt, nur zu Fuß, mit wenigen Habseligkeiten unterwegs zu sein und verschiedene Regionen Deutschlands kennen zu lernen.

Also fiel das Fahrrad als Verkehrsmittel auch weg. Mir waren selbst die 10 bis 12 Tage, die man damit unterwegs sein würde, immer noch zu schnell.

Ich wollte einen möglichst langsamen Abschied von Berlin und die Distanz ohne Hilfsmittel selbst erlaufen, vor allem erspüren.

Also fing ich an, zu dem Thema zu recherchieren. Ich habe aber keinen durchgehenden Fernwanderweg gefunden. Es gibt die Europawanderwege und die Jakobswege. Letztere führen immer Richtung Santiago de Compostela, also spätestens auf Höhe der Mittelgebirge nach Westen. Von den 12 Europawanderwegen führt leider auch keiner von Berlin nach Süden. Dafür gibt es unzählige Fernradwege und detaillierte Karten dazu. Aber außer den oben genannten gibt es keine Karten mit Fernwanderwegen.

Das hat mich schon sehr gewundert, sagt man doch, die Deutschen seien so ein Wander- und Outdoorvolk. Zudem gibt es unzählige Wanderregionen mit detailliertesten Wanderwegen. Nur eben keinen durchgehend ausgewiesenen Weg von Berlin nach München. Vielleicht liegt es aber auch daran, dass Fernwandern für Viele zu viel Zeit beansprucht und deswegen nicht so stark nachgefragt wird, wie etwa Fernradeln.

Von dieser ernüchternden Erkenntnis wollte ich mich aber nicht abhalten lassen und habe mir eine Route selbst zusammengestellt. Nicht zuletzt wollte ich den spöttelnden Freunden, die in den fehlenden Informationen zu solch einer Wanderung eine Bestätigung sahen, was für ein ausgemachter Nonsens das ist, beweisen, dass es geht und schaffbar ist.

Rausgekommen ist eine Mischung aus verschiedensten (über-)regionalen Wegen:

Angefangen habe ich von Berlin auf Teilen der alten Reichsstraße (Via Imperii), die jetzt auch ein Abschnitt von einem der vielen Jakobswege ist. Ab Hof ging es dann entlang des »Main-Donau-Weges«, weiter den östlichen Albsteig und dann den Jurasteig in Richtung Regensburg. Für das letzte Stück ab Regensburg habe ich den bayrischen Jakobsweg ausgewählt.

Ich habe diese Wege allerdings nur also grobe Orientierung genommen und dann dahingehend abgewandelt, dass meist gut schaffbare Tagesrouten dabei herauskamen. Zusätzlich habe ich versucht, möglichst wenig an Land- bzw. Bundesstraßen entlang zu laufen.

Leider verlaufen doch einige Wegabschnitte (vor allem der Via Imperii und des Jakobsweges) direkt neben Bundes- bzw. viel befahrenen Landstraßen. Nicht gerade erholsam und förderlich für das Abtauchen in den unter Wanderern bekannten »Flow«, also das vollkommene »Im-Moment-Sein« ähnlich wie bei einer Meditation und dem Waldbaden (auch ein Hobby von mir). Wo es irgendwie ging, bin ich daher lieber auf kleineren Pfaden durch Wälder oder über Äcker gegangen, auch wenn dies ein Umweg war.

Dazu kam, dass wir Corona-Zeit hatten. Ich war zwar damals zwischen den ersten beiden Wellen unterwegs, aber dennoch galten zum Teil Beherbergungseinschränkungen. Deswegen musste ich alle Unterkünfte vorab reservieren. Dies hat sich im Nachhinein aber als Vorteil erwiesen. Für zwei Nächte hatte ich nicht vorgebucht und dann feststellen müssen, dass es nichts Nervigeres gibt, als nach ca. 25 km Tagesmarsch noch eine Unterkunft zu suchen.

Durch Corona musste ich teilweise auch die Routenführung abändern, weil die Wunschunterkunft coronabedingt keinen Platz mehr hatte oder wegen zu wenig Auslastung ohnehin geschlossen war. In weniger dicht besiedelten Regionen konnte das dann schon auch mal bedeuten, dass die nächste Unterkunftsmöglichkeit 10 km entfernt lag. Manchmal konnte ich die Route dorthin umleiten. In Gegenden, in denen das nicht ging, habe ich versucht, einen Teil der Tagesroute mit den öffentlichen Verkehrsmitteln zurückzulegen.

Insgesamt war es auch interessant zu sehen, wie unterschiedlich die einzelnen Bundesländer und sogar Regionen mit Corona umgingen. Das betraf nicht nur die Unterkünfte, sondern auch die Bewegungsfreiheit in den Städten, aber vor allem auch die Essensmöglichkeiten. So viel vorab: Es ist wohl nicht gerade verwunderlich, dass die Schutzmaßnahmen dort am Striktesten umgesetzt und kontrolliert wurden, wo zu diesem Zeitpunkt am meisten Fälle aufgetreten waren und von wo quasi im Wochentakt neue Forderungen für weitere Einschränkungen laut wurden. In Ostdeutschland hatte man hingegen vor allem in ländlichen Regionen den Eindruck, dass Corona nicht existierte und deswegen alles etwas laxer gehandhabt wurde. Beim Blick auf die damals niedrigen Neuerkrankungswerte in dieser Region verwunderte mich das auch nicht. Vermutlich lag es eben auch daran, dass in Ostdeutschland die wenigen Betriebe auf dem Land nicht so stark überregional vernetzt sind und die Leute auch nicht so viel durch die Gegend reisen (ob aus privaten oder beruflichen Gründen).

Zurück zur Erklärung meiner Routenfindung: Um Asphaltpisten zu meiden, habe ich es mir bei größeren Städten gespart, ins Zentrum zu laufen und daher ab der Stadtgrenze die öffentlichen Verkehrsmittel genommen.

Aus diesem Grund endet die Tour auch in München-Pasing und beginnt in Beelitz statt in Berlin. Wieso Beelitz fragt Ihr Euch?

Ich bin schon einmal vom S-Bahnhof Wannsee nach Beelitz gelaufen und habe das auf dieser Tour daher nicht noch einmal gemacht. Diese Teilroute könnt Ihr aber auf meinem Blog nachlesen. Und von der Friedrichstraße loszulaufen hätte nicht viel Spaß gemacht, zumal man bei der Größe Berlins nach einem Tagesmarsch maximal bis kurz hinter den südlichen Stadtrand gekommen wäre.

Die finale Route von Beelitz nach Pasing waren 750,04 km mit ÖPNV-Streckenanteil und 670,84 km reiner Fußmarsch. Dabei habe ich 19,73 km Höhe (Gesamtsumme der Auf- und Abstiege) überwunden. Die GPX-Datei habe ich für meine Leser auf meinem Blog zum Download bereitgestellt, den Verlauf und das Höhenprofil findet Ihr vor dem folgenden Kapitel Vorbereitung.

Insgesamt hat die Routenplanung ganz gut geklappt, so dass nur an ganz wenigen Tagen mehr als 30 km zu laufen waren. Im Schnitt waren es ca. 25,7 km pro Tag, was gut schaffbar war. Allerdings habe ich festgestellt, dass jeder Kilometer, der über die Marke von 25 km hinaus geht ungleich anstrengender wird. Witzigerweise hatte ich das von anderen Wanderern auch gelesen, aber leider erst im Nachhinein. Ebenfalls als richtige Entscheidung haben sich die 2 Ruhetage herausgestellt. Im Nachhinein wären aber 1-2 weitere Ruhetage zusätzlich nicht verkehrt gewesen. Dazu aber mehr im Abschnitt Vorbereitung.

Das Ergebnis waren 28 Tage Wanderung inklusive 2 Ruhetage. Die Strecke ist absolut machbar und ich hatte so viele tolle Erlebnisse, die ich hier mit Euch, meinen Leser:innen, teilen möchte. Vor allem die Unterschiede zwischen den Regionen, nicht nur kultureller Art, sondern auch das Interesse an Mitmenschen und die Art zu leben und zu wirtschaften, hätte ich so deutlich nicht vermutet. Der Zufall wollte es, dass ich genau im Jubiläumsjahr der Wiedervereinigung diese Tour durch 4 ehemals ostdeutsche Bundesländer machte. Die Andersartigkeit der Menschen, von der oft geschrieben wurde, kann ich nicht bestätigen. Gerade im Osten und insbesondere in Sachsen bin ich allen Medienberichten zum Trotz meist freundlich und neugierig empfangen worden, was vor allem auf den letzten Routen in Oberbayern so gut wie gar nicht vorkam.

Fakt ist aber auch (und das hängt nicht mit Corona zusammen), dass die Lebensrealität in vielen ostdeutschen Regionen anders aussieht, als in den westdeutschen Zentren. Gerade die finanzielle Vermögenssituation ist nach 30 Jahren immer noch nicht die Gleiche. So kauften an den gefluteten ehemaligen Braunkohletagebaugebieten nicht Einheimische die Ufergrundstücke auf, sondern vermögendere Westdeutsche. Dass das nicht für Begeisterungsstürme sorgt, wundert mich nicht und ich glaube auch nicht, dass das mit umgedrehten Vorzeichen z. B. in Baden-Württemberg oder Bayern anders wäre.

Ich bin auf jeden Fall froh, wieder ein Stück mehr von Deutschland kennen gelernt zu haben und gerade die regionale Vielfalt machte die Wanderung enorm spannend. Am Ende einer solch langen Tour rauchen einem vielleicht etwas die Füße, aber man ist glücklich und zufrieden. Deswegen möchte ich sie im Folgenden jedem ans Herz legen, der schon einmal mit dem Gedanken einer längeren Wanderung gespielt hat. Wer sich an meiner Route orientieren möchte, wem die ganze Strecke aber zu viel ist oder wer nicht so viel Zeit hat, kann sich auch einzelne Abschnitte der Wanderung aussuchen. Viele Ausgangspunkte der Tagesabschnitte sind mit Bus/Bahn erreichbar und ich habe diese auch jeweils gekennzeichnet, so dass nahezu komplett beliebige Teilrouten gebildet werden können.

Ich wünsche allen viel Spaß beim Lesen
und Nachwandern!

Daniel

Vorbereitung

Routenplanung

Die Gesamtroute sowie die einzelnen Abschnitte stelle ich für meine Leser als GPX-Datei zum Download zur Verfügung. Mit dem Passwort: **21BeMu;f!** können diese Dateien auf meinem Blog unter: *https://draussentutgut.de/download_buchrouten* abgerufen werden. Dort kann man sich auch die Routen in Openstreetmaps anzeigen lassen und das Höhenprofil als Bilddatei herunterladen.

In den nachfolgenden Kapiteln finden sich dann zu jeder Tagesroute eigene Übersichtskarten mit Höhenprofilen. In allen Karten – auch in den Höhenprofilen – habe ich die zu Fuß zurückgelegten Streckenabschnitte rot markiert. Blau eingefärbt sind die Teilstrecken, die ich mit dem ÖPNV zurückgelegt habe.

Zu jeder Tagesroute gibt es jeweils eine kleine Übersicht mit den Kurzfakten (Distanz, Dauer, An-/Abreise etc.) gefolgt von meinen Beschreibungen und Eindrücken zum Weg. Ihr könnt das natürlich gerne so nachlaufen oder Ihr nehmt es als Orientierung und macht dann Eure eigene Route daraus.

Passwort:
21BeMu;f!

Dazu ein paar Tipps:

- ▷ Versucht nicht mehr als 25 km pro Tag zu planen.
- ▷ Manchmal lässt es sich nicht vermeiden, aber jeder Kilometer mehr ist ungleich anstrengender. Mein absolutes Maximum waren 36 km, das macht dann aber keinen Spaß mehr.
- ▷ Kennt Eure Leistungs- und Leidensfähigkeit! Wenn es sich nicht anders planen lässt oder Ihr nicht mehr könnt, legt lieber ein Stück mit den öffentlichen Verkehrsmitteln zurück.
- ▷ Plant Ruhetage ein. Nach 5-6 Tagen durchgehendem Laufen, merkt Ihr die Belastung an den Fußsohlen schon deutlich. Ein Tag Ruhe schafft da wahre Wunder. Ich hatte nur 2 Ruhetage eingeplant, jeweils nach der ersten und nach der dritten Woche. Im Nachhinein war das etwas zu wenig. Vor allem die 14 Tage am Stück haben geschlaucht und dann am Ende auch zu einer dicken Blase geführt.
- ▷ Bucht die Unterkünfte rechtzeitig im Voraus. Als Alleinreisender muss man mit 40-50 € pro Nacht inklusive Frühstück rechnen. Zu zweit wird es günstiger, weil viele Unterkünfte nur Doppelzimmer anbieten und man dann als Alleinbeleger fast genau so viel zahlt. Wo es geht, würde ich das Frühstück mitbuchen. Das erspart Gewicht und Organisationsstress.
- ▷ Überlegt Euch, wann Ihr die Tour anfangt bzw. wo Ihr wann sein wollt. Gerade in kleinen Orten gibt es wenige Möglichkeiten zum Einkehren oder Einkaufen. Am Wochenende gehen die Möglichkeiten gegen Null. Wenn Ihr nach einem langen Wandertag abends ohne Essen schlafen gehen müsst und im schlimmsten Fall auch kein Frühstück in Sicht ist, dann ist der Frust

groß und die gute Laune vom Tag futsch. Wenn es sich wegen der Route nicht ändern lässt, nehmt am besten ein temperaturbeständiges Fertigessen am Vortag vom Supermarkt mit. Ideal für so etwas sind natürlich alle Fertiggerichte, die luftgetrocknet sind und nur mit heißem Wasser übergossen werden müssen.

Neben der Routenplanung und Unterkunftsbuchung müssen bei so einem großen Unterfangen natürlich auch noch andere wesentliche Dinge geplant werden.

Ausrüstung

A Fangen wir bei den Füßen an:

SCHUHE

▶ Gute Schuhe sind das absolute A und O. Auch wenn einige Abschnitte sehr flach verlaufen und man »nur« auf Asphalt- oder Feldwegen läuft, würde ich nicht empfehlen mit Turnschuhen zu laufen. Ich hatte richtige Wanderschuhe, die über die Knöchel gehen, mit einem dicken Profil. Das hilft nicht nur bei kleinen Steigen und Bergpfaden, sondern auch auf langen flachen Strecken; die dicke Sohle puffert die harte Unterlage ein wenig ab und man knickt nicht so schnell um. Zudem sind diese Schuhe meistens auch wasserabweisend. Ich empfehle, die Schuhe nicht erst kurz vor der geplanten Wanderung zu kaufen, sondern rechtzeitig, so dass Zeit bleibt, die Schuhe auf kürzeren Ausflügen einzulaufen.

▸ Bisher bin ich auch immer mit normalen Baumwoll-socken gelaufen, aber für die Tour habe ich richtige Wandersocken geschenkt bekommen. Ich muss sagen: Sie haben sich absolut gelohnt. Diese Strümpfe sind am Fußballen und an der Ferse verstärkt und helfen so die Belastung besser zu verteilen. Dank der Socken habe ich mir auch erst ganz am Ende der Tour eine Blase an einem Zeh gelaufen. Dabei war meine größte Angst, auch weil Freunde und Bekannte die im Vorfeld prophezeit hatten, dass meine Füße nach einer Woche nur aus Blasen bestehen würden. Man sollte auf jeden Fall 2 Paar Socken einpacken, falls das eine Paar nass geworden ist oder gewaschen werden muss.

▸ Testet Eure Schuh-Socken-Kombination also vor dem Start, bis Ihr etwas gefunden habt, dass sich gut anfühlt. Eure Füße werden es Euch spätestens nach den ersten 4 Tagen danken.

B Weiter körperaufwärts:

Ihr benötigt eine passende Hose und, was sich für mich als sehr praktisch erwiesen hat, eine Regenhose.

HOSE

▸ Ich habe eine dieser klassischen Wanderhosen mit abnehmbaren Unterbeinen gehabt. Die gibt es schon ab mittleren zweistelligen Eurobeträgen in guter Qualität. Auch wenn man in anderen Ländern mit solchen Hosen unweigerlich als Deutscher auffällt (vor allem mit bestimmten Marken), waren sie für diese Tour echt praktisch (im Ausland war ich ja ohnehin nicht). Bei Temperaturen von 2–34°C ist man froh, wenn man die Hose schnell in eine kurze Hose umwandeln kann und diese nicht extra mittragen muss. Jeans würde ich nicht empfehlen, die sind zu schwer und zu starr.

REGENHOSE

▸ Auch wenn man so wenige Sachen wie möglich mit sich herumtragen will – eine Regenhose ist notwendig. Wenn es den ganzen Tag über regnet und man nur eine Jacke oder einen Poncho dabei hat, ist man nach spätestens einer Stunde von der Hüfte an abwärts klatschnass. Das macht dann keinen Spaß mehr. Gute Regenhosen verfügen an beiden Hosenbeinen über einen Reißverschluss, so dass man sie einfach an- bzw. ausziehen kann ohne die Schuhe öffnen zu müssen. Das Gewicht ist eher gering und der Preise auch nicht hoch: Eine Anschaffung lohnt also!

C Kommen wir zur Unterwäsche und Oberbekleidung:

UNTERHOSE BZW. LEGGINS

▸ Ich habe ganz normale Baumwollunterwäsche getragen und bin super damit gefahren. Es gibt zwar auch hier Funktionsbekleidung, für mich war es aber nicht notwendig. Wenn man sehr früh im Frühling oder im Herbst unterwegs ist, kann sich auch eine Leggins lohnen, da es morgens und abends schon etwas kühl sein kann. Das ist aber Geschmackssache.

T-SHIRT / HEMD

▸ Auch hier gibt es unterschiedliche Standpunkte. Es gibt extra Wanderhemden aus Funktionsstoffen. Der Vorteil ist, dass man diese abends in der Unterkunft auswaschen kann und am nächsten Morgen sind sie trocken. Bei solchen Hemden hat man die Gewissheit seine Nationalität im Ausland unfreiwillig jedem deutlich zu zeigen. Spaß beiseite: Eine Anschaffung lohnt sich auf jeden Fall.

Ich persönlich bin aber gut mit einfachen Baumwoll-Shirts gefahren. Zudem hatte ich zwei Shirts mit einer Mischung aus Funktionsfaser und Merino-Wolle, die nicht so schnell nach Schweiß riechen. Kalkuliert hatte ich 4 Shirts für die knapp 4 Wochen. Zwischendrin eine Wäsche mit einfacher Seife oder Shampoo spart Gewicht.

PULLOVER / FLEECE

▸ Je nach Jahreszeit und Wärmeempfinden empfehle ich auf jeden Fall einen dicken Fleecepulli mitzunehmen und gegebenenfalls einen leichten Sommerpullover. Gerade im Mittelgebirge kann es morgens und abends richtig kalt werden. Je nach Geldbeutel gibt es verschiedene Variationen von Fleecepullovern bzw. Fleecejacken.

JACKE

▸ Ich hatte eine leichte Softshell-Jacke und zusätzlich einen Poncho für Regentage. Es gibt aber auch Hardshell-Jacken mit integriertem Fleece. Das ist neben dem Preis auch eine Frage der eigenen Präferenz. Ich habe lieber unterschiedliche Schichten dabei und kann die dann je nach Wetter kombinieren. Der

Nachteil ist allerdings, dass man mehr Platz im Rucksack verbraucht.

D Damit wären wir beim Thema Rucksack:

▸ Der Rucksack ist neben den Schuhen das zweitwichtigste Accessoire für die Wanderung. Rucksäcke gibt es ebenfalls in den unterschiedlichsten Formen und Preisen. Einige Outdoorläden bieten auch einen Mietservice für Rucksäcke an; dann braucht man sich nichts kaufen. Auch hier gilt, dass man den Rucksack Probe tragen sollte. Ich hatte am Anfang der Tour einen Rucksack aus meiner Familie geliehen, bei dem ich wegen der Schultergurte einseitig starke Rückenschmerzen bekommen habe. Nach dem Wechsel auf einen anderen Leih-Rucksack von einer Bekannten, wurde es besser. Also auch hier gilt, lieber zweimal zu viel vorher testen.

E Neben der Kleidung solltet Ihr folgende Sachen unbedingt zusätzlich mitnehmen:

▸ Sonnenbrille & Sonnencreme
▸ Hut / Kappe
▸ Ausreichend Wasser. Ich hatte pro Tag 2-3 Liter Wasser in einer Trinkblase dabei. Das ist praktisch, weil man die überall in den Rucksack stopfen kann. Alu-Flaschen (Gewicht!) gehen aber auch.
▸ Blasenpflaster und andere Medikamente
▸ Massageball für die Fußsohlen, ist sehr entspannend am Ende eines Tagesmarschs

- Handy mit Offline-Karte. Es gibt viele Funklöcher, außerdem schadet bei so einem Vorhaben auch ein wenig Internet-Abstinenz nicht.

  Ich kann alle Apps empfehlen, die auf Openstreetmaps basieren und den Import von GPX-Dateien unterstützen. So könnt Ihr Euch bequem die Route in die Karte legen und in die einzelnen Gebiete rein- und rauszoomen. Alternativ gehen auch regionale Wegekarten, dann braucht man aber wegen der hohen Maßstabsauflösung leider sehr viele. Meine App heißt OSMScout und ist spendenfinanziert.

- Müsliriegel oder Haferkekse als Snack zwischendurch und ein paar belegte Brote als Mittagessen

- Zeckenzange; die Biester werden leider immer häufiger. Es lohnt auch eine FSME-Impfung im Vorhinein.

- Genügend Bargeld. Viele kleine Unterkünfte und Gaststätten akzeptieren keine Kartenzahlung.

- Je nach Unterkunft noch Verpflegung. Ich bin abends meist eingekehrt und habe nur selten in Pensionen gekocht.

Es gibt eine Faustregel, nach der man je nach Trainingszustand maximal ⅕ bis ¼ des eigenen Körpergewichts auf dem Rücken tragen sollte. Ich fand aber meine 8 Kilo Gesamtgewicht ohne Wasser auf Dauer schon anstrengend und wiege deutlich mehr als 40 kg ...

Auch hier gilt ausprobieren! Kleiner Haken daran, man spürt das Gewicht des Rucksacks und eventuelle Fehlbelastungen erst nach 3-4 Tagen so richtig.

Nachdem bei mir trotz guter Vorbereitung nach den ersten Tagen noch ein paar kleine Problemchen auftauchten, möchte ich Euch (bevor es zu den Tagesrouten geht) noch ein paar Dos and Dont's mit auf den Weg geben. Man spart sich einige unangenehme Überraschungen.

Do

- ▷ Am Anfang der Tour kürzere Distanzen einplanen. Mit zunehmendem Trainingseffekt können die Tagesdistanzen auch größer gewählt werden.
- ▷ Vor jedem Tagestrip markante Punkte, Orte auf dem Weg, Namen der Unterkunft und eventuelle Ausstiegsmöglichkeiten (ÖPNV-Stationen mit Fahrzeiten) raussuchen.
- ▷ Bargeld für mindestens 2-3 Tage mitnehmen. Kartenzahlung wird oft nicht akzeptiert und es gibt nicht in jedem Ort einen Bankautomat. Sicherheitshalber auch zwei verschiedene Karten mitnehmen, falls es Probleme bei der Abhebung gibt.
- ▷ Wichtige Telefonnummern aufschreiben und eine Liste mit den Kontaktadressen der Unterkünfte ausdrucken. Das Handy kann leer oder kaputt gehen und dann wäre man etwas aufgeschmissen.
- ▷ Eine kleine Powerbank für Notfälle einstecken.
- ▷ Mit Familie / Freunden feste Kommunikationszeiten verabreden. So könnt Ihr die Landschaft ohne Kommunikationsdruck genießen und Eure Liebsten machen sich keine Sorgen.

Don't:

▸ Einen zu großen Rucksack mitnehmen. Nehmt den kleinstmöglichen Rucksack mit, den Ihr habt. So vermeidet Ihr automatisch zu viel einzupacken.

Mir hat ein 30 Liter Rucksack vollkommen ausgereicht. Wenn Ihr in Pensionen übernachtet, braucht Ihr ohnehin viel weniger (kein Zelt, Matratze, Schlafsack ...)

▸ Kleidung für alle Temperaturlagen einpacken. Passt Eure Kleidung an die Jahreszeit an. Es ist eher unwahrscheinlich, dass Ihr z.B. im Frühherbst über 30°C oder Minusgrade habt.

▸ Sollte Eure Planung wider Erwarten falsch gewesen sein, könnt Ihr immer noch umdisponieren (andere Kleidung zuschicken lassen bzw. überflüssige Kleidung wegschicken). Dann habt Ihr aber immerhin nicht kilometerweit unnötige Kleidung mit Euch herumgeschleppt.

▸ Keine oder zu lange Pausen machen.

Es geht weder darum möglichst schnell so viele Kilometer wie möglich zu schaffen. So abgedroschen der Spruch »Der Weg ist das Ziel« auch ist, es stimmt dennoch. Lasst Euch Zeit und genießt die Natur. Aber macht auch keine stundenlangen Pausen, sonst fällt der Wiedereinstieg schwer vom dadurch entstehenden Zeitdruck für die Restkilometer (gerade bei langen Routen) einmal abgesehen.

▸ Überforderung wegen falsch verstandenem Stolz.

Natürlich nagt es etwas am Ego, wenn man die geplante Distanz nicht schafft, aber wenn Ihr Euch kontinuierlich überfordert, dann vergeht erstens die Lust und zweiten habt Ihr an den Folgetagen schlimmer werdende Beschwerden oder auch Schmerzen. Wenn Ihr an 2-3 Tagen einmal über Euer Limit geht, dann ist das kein Problem, aber ansonsten ist es insgesamt sinnvoller von einem Ausstiegspunkt an ein Stück mit dem ÖPNV zurückzulegen.

▸ Wenn Ihr feststellt, dass Euch die Distanz an jedem Tag zu weit ist, plant am besten um und baut, wo es geht weitere Übernachtungen ein.

Und damit genug des Vorgeplänkels und weiter zum spannenderen Teil der Tagesrouten. Startet mit mir in Beelitz und folgt mir von der Hauptstadtregion bis nach München. Mein Weg führt durch riesige Feld- und Waldflächen, vorbei an gefluteten Braunkohle-Tagebauen, über den ehemaligen Todesstreifen im hügeligen Vogtland und das von Bächen und Flüssen durchzogene Fichtelgebirge in die waldreiche Vilstal-Landschaft der Oberpfalz und schlussendlich am Donaulauf bis zur weltbekannten Hallertauer Hopfenregion und entlang der Ilm durch stark wirtschaftlich geprägte Landschaften bis vor die Tore Münchens.

Höhenmeter

60

0   3   6   9   12   15   18   21
Kilometer

Berlin

Beelitz

Schör

Elsholz

Wittbrietzen

Alt Bork

Salzbrunn

Lühsdorf

Buchholz

alach

Brachwitz

Niebel

Treuenbrietzen

2 km

1 : 80 000

Beelitz – Treuenbrietzen

Start	Bahnhof Beelitz-Stadt
Ziel	Pension Britta, Treuenbrietzen

Routenlänge	21,78 km

Dauer (inkl. Pausen)	6,7 Stunden

Höhendifferenz	13 m / 305 m
Start – Ziel / gelaufen	

An-/Abreise	Zug / Zug
mit ÖPNV möglich	

ANREISEINFO Wer nicht schon in Berlin-Wannsee losge-
laufen ist, kommt nach Beelitz mit den Regionalzügen von Berlin Zentrum nach Berlin-Wannsee und steigt dort in den RB 33.
Derselbe Zug fährt weiter über Treuenbrietzen nach Jüterbog.

ORTE AUF DEM WEG Beelitz → Wittbrietzen → Lühsdorf →
Niebel → Berliner Siedlung Treuenbrietzen

Mit dem Zug geht es in der Früh vom Berliner Zentrum
zum Bahnhof Beelitz-Stadt. Der Schienenbus hält am
Ortsrand. Wie zu erwarten, steigt kaum jemand ein
oder aus. Liegt es am Wochenende oder daran, dass
fast niemand auf der Straße unterwegs ist? Noch ganz

beschwingt laufe ich los Richtung Ortsmitte, wo etwas mehr los ist und die Häuser schön renoviert wurden. Überall stehen Spargel-Skulpturen und es gibt einige Hinweisschilder zum Spargelmuseum, schließlich ist Beelitz nicht nur in Berlin für seinen Spargel bekannt. Finanziell einträglich ist er für den kleinen Ort ohnehin. Wer mehr Zeit hat, kann sich auch im 5 km entfernten Beelitz-Heilstätten die ehemalige Tuberkulose-Heileinrichtungen ansehen. Dort gibt es Führungen durch die alten Gemäuer inklusive der Operationssäle, die zum Teil bereits von der Natur überwuchert sind.

Der »Treuenbrietzener Straße« folgend führt der Weg hinter Beelitz weiter über die Bundesstraße auf einen holprigen Feldweg. Hier sieht man auch das erste Mal die Jakobsmuschel, da die Via Imperii ja auch ein Teil des Jakobswegenetzes ist. Die Wege sind sehr sandig. Das sind sie so gut wie überall in Brandenburg und das macht das Vorankommen etwas schwierig. Dennoch bin ich froh um meine Bergschuhe, denn damit kommt wenigstens kein Sand in die Schuhe. Obwohl ich Mitte September gestartet bin, sind es jetzt über 25°C bei strahlendem Sonnenschein. Ideales Wetter für den Start, wenn auch etwas schweißtreibend.

Nach ca. 5 km zweigt der Jakobsweg ab nach Elsholz und läuft von dort weiter nach Buchholz. Ich habe mich gegen diese Route entschieden, da sie zu nahe an der Bundesstraße entlangläuft und laufe stattdessen an der Kreuzung geradeaus nach Wittbrietzen. Nach einem kurzen Waldstück und weiteren 3 km erreiche ich das etwas ausgestorbene Wittbrietzen. Im Ortskern befindet sich eine schöne alte Feuerwache mit einer Picknick-Bank davor. Der ideale Ort für eine entspannte Brotzeitpause. Frischgestärkt folge ich dem »Kemnitzer Weg« aus dem

Ort hinaus und weiter in den Wald hinein. Wie viele Wälder in Brandenburg besteht auch dieser Wald aus einer Kiefern-Monokultur und wird mit der zunehmenden Trockenheit und dem Sandboden langfristig wahrscheinlich nicht überleben. Das kleine Lühsdorf wartet hinter dem Wald, allerdings ist auch hier keine Menschenseele zu sehen. Weiter auf der Verbindungsstraße nach Süden geht es kurz vor der Einmündung in die Landstraße auf der alten Straße nach Westen und über die Niepitz-Brücke. Direkt dahinter biegt der (nun wieder Jakobs-) Weg von der Straße ab. Hier muss ich etwas aufpassen, damit ich nicht zu weit entlang der Niepitz laufe, sondern nach Südwesten abzweige. Die Beschilderung ist sehr rudimentär in diesem Bereich, aber

Die erste Jakobsmuschel auf der Wanderung

Weg hinter Wittbrietzen

solange man auf dem Feldweg direkt links vom Wald bleibt, kommt man ohne Probleme nach Niebel. Kurz vor dem Ort Niebel begrüßen mich extrem neugierige Schafe mit akrobatischen Sprüngen und einem »Mäh«-Konzert. Scheinbar freuen die sich genauso, jemanden zu sehen, wie ich mich. Auch in diesem Straßendorf ist nichts los, dafür gibt es eine nette kleine Kirche. Den Ort südwestlich verlassend, komme ich nach ca. 2 km dann doch leider auf die Bundesstraße – eine andere Variante gibt es leider nicht. Wer abkürzen möchte, kann direkt neben der Bundesstraße nach Süden laufen. Allen anderen empfehle ich, dem Jakobsmuschelzeichen in den Wald zu folgen und ca. 500 m parallel zur Bundesstraße auf einem deutlich angenehmeren Weg weiterzugehen. Auch hier sieht man die Trockenheitsschäden des Waldes und die dicke Schicht abgestorbener Nadeln. Brennt bestimmt wie Zunder, denke ich mir und erinnere mich an den riesigen Waldbrand 2018, der hier in der Nähe ausbrach und 2 Wochen nicht unter Kontrolle gebracht werden konnte.

Mit diesen Gedanken im Kopf hätte ich fast das verfallene Gestüt übersehen, das mitten im Wald liegt.

Kurz dahinter endet der Waldweg auch schon in der »Schlalacher Straße«. Dieser folge ich ein kurzes Stück Richtung Treuenbrietzen, zweige dann auf den Trampelpfad links vom Stadion ab, quere erneut die Bundesstraße und bin nach ein paar Metern am Ziel.

Die 22 km sind eigentlich eine gute Distanz für den Einstieg, aber dennoch bin ich am ersten Abend etwas platt. Also nicht wundern, wenn es Euch auch so gehen sollte: Das gibt sich nach ein paar Tagen, wenn man sich an die viele frische Luft und Bewegung mit Gewicht gewöhnt hat.

In der Pension kann man statt in Zimmern auch in alten Schäferwagen im Garten schlafen und in der Gästeküche sein eigenes Essen kochen. Alternativ bieten die sehr freundlichen Gastgeber auch einen Shuttle-Service in die 2 km entfernte Stadt zum Abendessengehen an.

Nachdem ich tagsüber wenigen Menschen begegnet bin, freut es mich, dass der Gastgeber mir einiges über die Region und speziell über die Geschichte zu dem Stein vor dem Haus mit der Entfernungsangabe nach Santiago de Compostela erzählt.

Dieser Stein war ein Geschenk der Jakobusgesellschaft, die Entfernungsangabe stammte von einem Buchautor, der die über 2.500 km bis Santiago tatsächlich gelaufen ist.

Setzte die Region in der DDR auf Rinderzucht und Metallverarbeitung, versucht man jetzt mit Windparks und einem energieautarken Vorzeigedorf (Feldheim) nachhaltig zu wirtschaften. Zudem werden die waldreichen Naturlandschaften und nahegelegenen Naturschutzgebiete verstärkt touristisch vermarktet und die Hauptstädter mit dem Versprechen nach ruhiger, naturnaher

Wohnlage erfolgreich angelockt, so dass die Stadt wieder leicht wächst.

Allerdings scheinen die Beelitzer das noch etwas besser hinzubekommen, so dass eine nicht ganz ernst gemeinte Konkurrenz zwischen den beiden Städten herrscht.

Wie ich später noch einmal hören werde, gibt es aber eine nicht sichtbare Grenze zwischen Brandenburg und dem ca. 25 km entfernten Sachsen-Anhalt. Bis auf die Züge gibt es keinen »grenzüberschreitenden« Nahverkehr und auch der kulturelle und politische Austausch ist so gut wie nicht vorhanden. Das war scheinbar vor der Wiedervereinigung besser.

TAG 2

Treuenbrietzen – Garrey

Start Pension Britta, Treuenbrietzen
Ziel Zum Weißen Raben, Garrey

Routenlänge   20,53 km

Dauer (inkl. Pausen) 6,5 Stunden

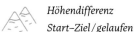

Höhendifferenz   108 m / 348 m
Start–Ziel / gelaufen

An-/Abreise   Zug / Nein
mit ÖPNV möglich

ANREISEINFO Nach Treuenbrietzen mit dem RB 33 (siehe Tag 1). Nach und von Garrey kommt man nicht mit den öffentlichen Verkehrsmitteln.

ORTE AUF DEM WEG Treuenbrietzen → Rietz → Zeuden → Zixdorf → Garrey

Nach einem ausgiebigen Frühstück in der Pension geht es über die »Fritz-Reuter-« und »Jahnstraße« 2 km zum Ortskern von Treuenbrietzen. Dort gibt es erstaunlich viele Restaurants, Cafés und Einkaufsmöglichkeiten und es sind auch einige Menschen auf den Straßen unterwegs. Einige Kirchen und andere alte Gebäude (z. B. Pulverturm)

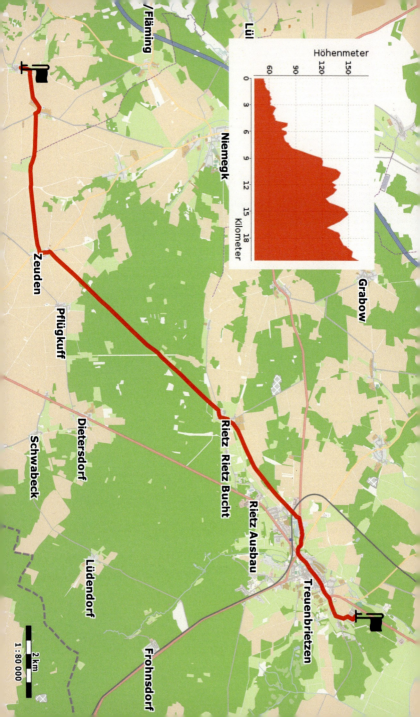

Höhenmeter

Kilometer

/Fläming

Lül

Niemegk

Grabow

Zeuden

Pflügkuff

Dietersdorf

Schwabeck

Rietz Rietz Bucht

Rietz Ausbau

Lüdendorf

Treuenbrietzen

Frohnsdorf

2 km

1 : 80 000

zeugen von der mittelalterlichen Geschichte der Stadt. In südlicher Richtung geht es aus der Stadt raus, beim Kreisverkehr rechts auf die B102 Richtung Niemegk und nach ca. 500 Metern über einen Parkplatz auf einen Trampelpfad nördlich des Baggersees. Westlich davon führt der Weg weiter nach Süden über die Bahngleise und geht am Ende des Hans-Grade-Weges in einen Feldweg über.

Nahezu schnurgerade läuft man zwischen (noch vergleichsweise) kleinen Wiesen und Waldabschnitten nach Rietz. Auf den nahezu komplett verdorrten Wiesen stehen unzählige Rinder um die Futter- und Wasserträge versammelt und am Ortseingang begrüßt einen der dazu gehörige riesige Bauernhof – nach meiner Erfahrung sehr typisch für Brandenburg. Rietz ist wiederum sehr beschaulich, hat aber im Gegensatz zu den bisherigen Dörfern sogar eine Gaststätte. Als ich durch den Ort laufe, kommt gerade ein Bäckerauto und beliefert die Bewohner, die bereits an einem Laternenpfahl warten. Super Serviceidee, so muss nicht jeder Einzelne mit dem Auto fahren, weil es im Ort keine Einkaufsmöglichkeit gibt.

Ortskern Treuenbrietzen

Am westlichen Ortsausgang geht es auf den Zeudener Weg und über einen größeren Anstieg in den Wald. Hier muss man etwas aufpassen, dass man nicht dem schräg abzweigenden Jakobsweg folgt.

Obwohl laut Karte ein kleiner Weg zu erwarten wäre, gleicht der Waldweg eher einer Straße. Auch hier sieht man links und rechts eine vertrocknende Monokultur auf 5 km Länge. Die gestressten Bäume sondern zusätzlich Harz ab, um Parasiten loszuwerden, so dass es sehr gut riecht. Mit dem guten Wetter, das ich genieße und auf dem Sandboden habe ich fast das Gefühl, in Südeuropa statt in Brandenburg zu sein. Auf jeden Fall wirkt das ungeplante Waldbaden beruhigend auf die Seele und lässt mich trotz des – gefühlt immer schwerer werdenden – Rucksacks gemütlich weitergehen.

Hinter dem Wald schließt sich eine kleine Allee bis Zeuden an, aber auch hier ist der Weg verdichtet, so dass ich mit jedem weiteren Schritt die Füße stärker spüre. Da kommt die Bank am Dorfteich in Zeuden gerade rechtzeitig für eine entspannte Pause. Einkehrmöglichkeiten gibt es leider keine, aber dafür habe ich mir ja zum Glück beim Frühstück eine Brotzeit mitgenommen. Wider Erwarten ist in dem kleinen Ort viel Verkehr, was die Ruhepause ein wenig stört.

Nach entspannter Rast mit Füße ausschütteln, geht es weiter auf der »Zeudener Dorfstraße« westlich aus dem Ort. Auf den nächsten 5 km bis Zixdorf passiert wenig Abwechslungsreiches. Ein Riesenfeld mit Mais reiht sich an das andere. Wenn man wie ich aus Süddeutschland kommt, hat man bei diesen riesigen Feldern den Eindruck im mittleren Westen der USA zu sein. In Ostdeutschland sind sie aber aufgrund der früheren Agrarpolitik der DDR sehr verbreitet. Genauso wie die riesigen

Viehbetriebe, auf die man bereits einige hundert Meter vor Zixdorf geruchstechnisch aufmerksam wird. Zixdorf selbst ist ziemlich heruntergekommen mit viel Leerstand. Auch die Ställe auf dem riesigen Hofgelände sind teilweise sehr heruntergekommen, dafür gibt es eine neu aussehende Biogasanlage. Überall fahren riesige Traktoren und Bagger mit Futter und Mist durch die Gegend, aber kein Mensch ist zu Fuß unterwegs. Das Ganze mutet eher wie ein Fabrikbetrieb an. Die Ställe sind zwar alle verschlossen und ich sehe nicht, wie es drinnen zugeht, aber dennoch tun mir die Tiere leid.

Von Zixdorf nach Garrey verläuft der einen Kilometer lange Endspurt leider direkt auf der Straße, auf der mir viele Traktoren mit der Ernte entgegen kommen. Der harte Asphalt unter den Füßen schmerzt und ich nehme mir vor, in der Lutherstadt Wittenberg einen Teil des Gepäcks zurückzuschicken und – wo immer es geht – Straßen zu meiden.

Angekommen im sehr beschaulichen Garrey finde ich die Pension schnell in der ehemaligen Dorfgaststätte. Der Ort besteht aus lauter Vier-Seiten-Höfen, die aneinandergereiht an der Straße liegen, mit der für die Region typischen Kirche in der Mittelinsel. Die Gastgeberin ist wieder sehr freundlich und gibt mir eine kleine Besichtigungstour durch den schönen wilden Garten und hinten raus zum alten Wasserturm. Hier hat man einen tollen Blick auf den Sonnenuntergang. Zwei Esel im Nebenhof und eine Schafherde machen das Bild des Landidylls samt ihrer Geräusche perfekt. Wegen der intensiven Sonne und der langen Abschnitte auf hartem Untergrund, bin ich trotz der vergleichsweise kurzen Distanz sehr geschlaucht und freue mich auf die Dusche im behaglichen Zimmer im Obergeschoss.

Sonnenuntergang Garrey

Von der Gastgeberin werde ich, wie vorab besprochen, bekocht, so dass ich bis dahin gemütlich im Garten entspannen kann. Man kann aber auch seine eigene Mahlzeit zubereiten. Das Essen gibt es dann im riesigen, ehemaligen Speiseaal, der mit einer Bühne auch für lokale Kulturveranstaltungen genutzt wird.

Auch hier wird mir viel von und über die Region sowie die Probleme in den ländlichen (südlichen) Teilen Brandenburgs erzählt. Im nicht allzu weit entfernten Rabenstein gibt es Ritterspiele und eine Falknerei, aber ohne Auto kommt man nirgendwo hin. Die Busverbindungen wurden alle eingestellt, Einkaufs- und Gesundheitseinrichtungen sind kilometerweit entfernt und ich höre zum zweiten Mal von der unsichtbaren Grenze zum – jetzt nicht mal mehr einen Kilometer entfernten – Bundesland Sachsen-Anhalt. Dort gibt es scheinbar bessere Angebote für die wohnortnahe Versorgung der Bevölkerung und auch Rufbusse, die aber eben nicht grenzüberschreitend verkehren.

Garrey – Lutherstadt Wittenberg

Start   Pension Zum Weißen Raben, Garrey
Ziel   Jugenherberge, Lutherstadt Wittenberg

Routenlänge   18,41 km

Dauer (inkl. Pausen)   5,3 Stunden

Höhendifferenz
Start–Ziel/gelaufen   -87 m/269 m

An-/Abreise
mit ÖPNV möglich   Nein/Zug

ANREISEINFO Garrey ist nicht an das öffentliche Verkehrsnetz angeschlossen. Die Lutherstadt Wittenberg ist dagegen überregional mit dem Nah- und Fernverkehr zu erreichen.

ORTE AUF DEM WEG Garrey → Kerzendorf → Grabo → Teuchel → Lutherstadt Wittenberg

Auch in Garrey wird mir ein großes Frühstücksbuffet geboten, so dass der Start in den dritten Tag mit bestem Wetter gut anfängt. Auf dem Weg aus dem Ort Richtung Kerzendorf (kleines Schild am Ortsende) kommen mir unzählige vollbeladene Traktoren entgegen. Die riesigen Maisfelder werden abgeerntet und über all dem schwe-

Garrey

Boßdorf

Kerzendorf

Weddin

Senst

Berkau

elsdorf

Pülzig

Grabo

Nudersdorf

Mochau

Thießen

Euper

Lutherstadt Wittenberg

Höhenmeter

180

150

120

90

0   3   6   9   12   15   18
Kilometer

2 km

1 : 80 000

ben riesige Staubwolken, die durch die Arbeit auf den ausgetrockneten Böden aufgewirbelt werden. Ein kleines Schild weist darauf hin, dass man Brandenburg verlässt – einem Sprayer zufolge »zum Glück«. Schnurgerade geht es nach Kerzendorf auf einem breiten Feldweg zwischen dem Erntebetrieb hindurch. Interessanterweise haben sich auch zwei Jäger zu dem Treiben hinzugesellt und machen sich startklar für die Jagd – ich dachte immer, man jagt in der Dämmerung, aber scheinbar geht es auch anders. Die 5 km nach Kerzendorf vergehen mit dem »Erntetrubel« vergleichsweise schnell. Von dort geht es ein Stück auf der Landstraße weiter nach Berkau, bevor ich kurz vor dem Dorfeingang links auf die kleine Straße nach Grabo abbiege. Hier sind vermehrt Radfahrer unterwegs, da ab hier scheinbar ein Fernradweg nach Wittenberg führt. Das Laufen auf der Asphaltstraße in der Hitze ist ziemlich anstrengend und ich freue mich

Landesgrenze
Brandenburg

jetzt schon, in Wittenberg ein paar persönliche Dinge bei der Post aufzugeben. Grabo ist schnell erreicht. Es ist genauso wie die Dörfer bisher, eher verschlafen, aber nicht so verfallen wie Zixdorf. Hinter dem Ort verläuft der Weg vorbei an einem größeren Anwesen in ein Waldstück hinein. Als ich dieses passiere drehen zwei riesige Hunde komplett durch, obwohl sie sich in ca. 300 Metern Entfernung befinden. Für einen kurzen Moment glaube ich fast, sie könnten es über den Zaun schaffen und mir unangenehm werden. Das Bellen höre ich noch mindestens 10 Minuten. Wenn derart scharfe Hunde notwendig sind, kann man sich gut vorstellen, wie einsam diese Region ist.

Auf das Waldstück folgen wieder ein paar Felder, rechter Hand sieht man den Ort Schmilkendorf. Es geht in einen Wald-Wiesen-Abschnitt, der ein wenig an die Schorfheide bei Chorin erinnert. Hier ist es trotz der über 30°C angenehm zu gehen, und es gibt in unregelmäßigen Abschnitten Bänke, auf denen man eine entspannte Brotzeitpause einlegen kann. Die Route ist in diesem Bereich gut ausgeschildert (wahrscheinlich wegen dem

Unzählige Maisfelder

Radweg), so dass man die Orientierung auf den breiten, langen Wegen nicht verliert und die zurückgelegte Distanz mitverfolgen kann.

Obwohl das nun schon der dritte Wandertag bei mir ist, stellt sich der Wanderflow noch nicht so richtig ein; vielmehr fühle ich mich geschlaucht, was an den Temperaturen, aber auch an den harten Wegen liegen mag. Besonders stark merke ich das, als der Waldweg auf die »Teucheler Straße« einmündet. Die Sonne flirrt auf dem kaputten Asphalt und der Kilometer nach Teuchel fühlt sich unendlich an. In Teuchel gibt es daher noch einmal eine kurze Pause. Ich muss aber festhalten, dass die Pausen nicht zu lange sein sollten, da sonst der Wiedereinstieg noch schwerer fällt. Ab Teuchel ist leider alles asphaltiert und es gibt nur abschnittsweise Fußwege, so dass die letzten 4 km in die Altstadt von Wittenberg eher unangenehm zu laufen sind. Wahrscheinlich wäre die komplette Distanz von knapp 19 km bei Bewölkung nicht ganz so anstrengend gewesen. So aber bin ich froh, angekommen zu sein.

Das Zentrum selbst ist sehr schön und der Marktplatz lädt zu einem Belohnungskaffee nach der Tour ein.

Auch wenn die Socken qualmen, lasse ich es mir nicht nehmen, eine kleine Tour durch die Altstadt zu machen und komme dabei auch am sehr schönen alten Hauptpostgebäude (mit Türmchen) vorbei. Hier schicke ich zwei Kilo Gepäck zurück – zu viel eingepackte Pullis und Fleeces – und freue mich, dass mein Rucksack dadurch tragbarer geworden ist. Zurück durch die »Collegienstraße« geht es zur Jugendherberge. In Wittenberg gibt es genug Unterkunftsmöglichkeiten für jeden Geschmack. Ich habe mich für die Jugendherberge entschieden, weil ich relativ günstig im Zentrum übernachten will und keine hohen Ansprüche an das Zimmer stelle. Zudem ist das Frühstück inbegriffen. Aber natürlich sollte man kein Problem damit haben, wenn pubertierende Schüler teilweise lautstark ihren Emotionen freien Lauf lassen.

Nach einer ausführlichen Ruhepause gehe ich zum Abendessen in die »Niederlassung«, ein entspanntes Restaurant mit deutscher Küche etwas abseits vom Markt. Aber auch restauranttechnisch gibt es in Wittenberg genug Auswahl für fast jede kulinarische Vorliebe.

Lutherstadt Wittenberg – Bad Düben

Start Jugenherberge, Lutherstadt Wittenberg
Ziel   Pension Petzold, Bad Düben

Routenlänge   26,95 km + 13,42 km S-Bahn

Dauer (inkl. Pausen)   7,5 Stunden

Höhendifferenz   26 m / 496 m
Start–Ziel / gelaufen

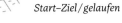

An-/Abreise   Zug / Bus
mit ÖPNV möglich

ANREISEINFO Lutherstadt Wittenberg ist überregional mit dem Nah- und Fernverkehr zu erreichen. Nach Bad Düben gelangt man mit dem Bus von Leipzig oder Delitzsch.

ORTE AUF DEM WEG Lutherstadt Wittenberg → Pratau → Radis → Tornau → Hammermühle → Bad Düben

Warum nimmt der jetzt die Bahn, fragt Ihr Euch vielleicht? Wenn es nach mir gegangen wäre, hätte ich auch gerne darauf verzichtet, aber das Problem ist Corona. Eigentlich führt von der Lutherstadt Wittenberg nach Bad Düben der Jakobsweg über Kemberg. Da das aber eine Strecke von 50 km ist und in Kemberg keine Bleibe zu

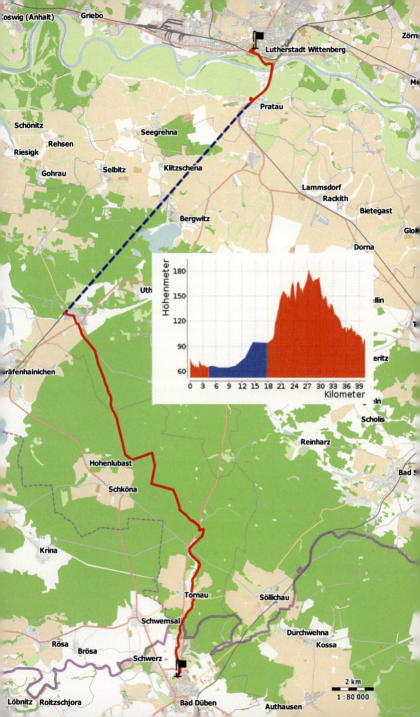

finden war, habe ich umdisponiert. Weil die Städte Kemberg und Bad Düben in unterschiedlichen Bundesländern liegen und in Deutschland dank des Föderalismus der Nahverkehr meist nicht länderübergreifend bestellt wird, gibt es hier keine Buslinie, die ich hätte nehmen können. Die Alternative ist also, mit der S-Bahn so weit zu fahren, dass ich die Strecke danach auf jeden Fall schaffe. Trotzdem will ich aber unbedingt zu Fuß über die Elbe laufen. Deshalb ist es eine gesplittete Route, wie Ihr in der Routenübersicht sehen könnt.

Los geht es an der Jugendherberge und durch den Luthergarten zu den Elbwiesen. Früh morgens ist es sehr schön, durch die Wiese zu laufen und die Elbe dahinfließen zu sehen. Der Campingplatz auf der gegenüberliegenden Seite stört den Blick nicht so sehr, wie die 4-spurige Auto- und danebenliegende Zugbrücke. Die Schnellstraße ist leider auch die einzige Möglichkeit nach Pratau zu kommen. Dieser Abschnitt ist zwar auch als Jakobsweg gekennzeichnet, der enge Fahrrad- und Fußgängerweg neben der Schnellstraße ist allerdings nicht besonders angenehm zu laufen. In Pratau fährt jede Stunde eine S-Bahn in Richtung Leipzig, so dass man im Normalfall nicht lange an dem nichtssagenden Haltepunkt warten muss.

Von Pratau aus fährt man nur 10 Minuten nach Radis, wo die Wanderung weitergeht. Radis ist eine Station vor Gräfenhainichen, ehemals Zentrum des Braunkohle-Tagebaus, in dem jetzt das Freilichtmuseum Ferropolis untergebracht ist. Der Ort ist heute auch bekannt durch das MELT!-Festival.

Radis selbst ist wieder ein etwas heruntergekommener Ort mit entsprechend viel Leerstand. Über die »Bahnhofs-« und »alte Schleesenerstraße« geht es durch

Elbquerung bei Lutherstadt Wittenberg

den Ort bis zur Bundesstraße und danach in die »Ochsenkopfstraße«. An einem alten Gebäude für Landwirtschaftsmaschinen und einer Gartenanlage folgt man der asphaltierten Straße bis in den Wald hinein. Da der Weg hier nicht ausgeschildert ist, muss man nach ca. 1 km schräg rechts auf den Waldweg einbiegen. Diesem folgt man nun für ca. 6 km mehr oder weniger geradeaus.

Nach ein paar Hundert Metern wird der Weg etwas wilder, das Gras höher und rechts und links sehe ich das erste Mal auf meiner Wanderung Pilze statt toter Nadeln. Auf dem Waldboden ist es auch deutlich angenehmer zu laufen, als auf den vielen Straßenabschnitten davor. Die Schritte federn sogar leicht. Trotz der Monokultur-Prägung brechen an einigen Stellen auch Büsche aus. Ein schönes Waldbadeerlebnis auch wenn es mit dem dicken Rucksack nicht ganz so befreiend ist, wie auf meinen städtischen Waldbade-Ausflügen. Hier ist kein Mensch unterwegs und so komme ich langsam in den Wandertrott, den ich bisher vermisst hatte.

Gemütlich trabe ich vor mich hin, höre den Spechten zu und beobachte die vielen Spinnen, die ihre Netze am Wegrand auf- und ausbauen. Nach etwas mehr als einer Stunde macht die von mir ausgewählte Route einen Linksknick auf den Koppeltsgrundweg, den man nicht verpassen sollte, da man sonst nach dem Wald auf einem Feld landet. Jetzt bin ich eine Zeit lang auf Zickzackkurs mit witzigen Wegenamen. Vom Koppeltsgrundweg geht es auf »Die 13« von da auf die »P-Linie« und den »halben Mond«. Alle Wege sind mit kleinen Schildchen auch für die Forstverwaltung ausgewiesen und sie sind wieder breiter, leider aber auch härter, wahrscheinlich wegen der schweren Baumtransporter. Auf dem »Halbe Mond«-Abschnitt plätschert ein kleines Bächlein neben dem Weg und immer wieder sind Baumstämme am Wegesrand aufgetürmt, so dass eine kleine Rampe entsteht, auf der ich nach inzwischen knapp 2,5 Stunden Waldwanderung kurz rasten kann.

Wieder bei Kräften geht es auf Höhe des Ortes Eisenhammer aus dem Wald heraus, über die B2 und auf den Jakobsweg, der von Kemberg kommt.

Waldweg Dübener Heide

Diesem folge ich jetzt die verbliebenen 8 km bis Bad Düben. Der Weg verläuft streckenweise sehr schön auf kleinen Trampelpfaden links vom Hammerbach. Die 200 m parallel dazu verlaufende Bundesstraße hört man zwar, läuft aber etwas abseits davon. Vorbei an mehreren Mühlen und dem letzten Ort Sachsen-Anhalts (Tornau), gelange ich zu einer kostenlosen Freilicht-Holzskulpturen-Ausstellung mit interessanten Arbeiten. Anschließend kommt man durch eine Bungalow-Siedlung, bevor der Weg wieder die Bundesstraße kreuzt und eine Holzskulptur mit zwei Bibern – die einen grün-gelb-weißen Grenzpfahl fällen – darauf hinweist, dass man jetzt in Sachsen ist.

Der Weg wird zu einer Straße, die durch eine Siedlung mit schicken Einfamilienhäusern führt. Hier begegnet mir ein Linienbus. Bisher ist mir das in derart kleinen Dörfern noch nie passiert. Ich schiebe es darauf, dass Bad Düben als Kurort etwas mehr Budget für seinen ÖPNV hat, als andere Gemeinden. Durch den Vorort Hammermühle gelange ich schließlich – wieder die Bundesstraße kreuzend – an ein kleines Wäldchen mit Teich, das an den Kurgarten angrenzt. Nach weiteren 400 Metern erreiche ich die Pension Petzold direkt gegenüber dem Kurgebiet. Auch hier treffe ich sehr freundliche Gastgeber an, die sich interessiert an der Wanderung und deren weiteren Verlauf zeigen. Ich bin froh, nach 7,5 Stunden auf den Füßen, die Schuhe ausziehen zu können und den Rucksack loszuwerden. Die Pension bietet eine Gästeküche. Da ich aber zu faul bin zu kochen und dafür vorher noch einkaufen zu gehen, gehe ich kurzerhand in der Mühlenstube im Kurgarten essen.

Bad Düben – Leipzig

Start   Pension Petzold, Bad Düben
Ziel   Hotel Markgraf, Leipzig Südvorstadt

Routenlänge   32,77 km + 12,56 km S-Bahn

Dauer (inkl. Pausen)   8,5 Stunden

Höhendifferenz   19 m / 329 m
Start–Ziel / gelaufen

An-/Abreise   Bus / Zug
mit ÖPNV möglich

ANREISEINFO Nach Bad Düben gelangt man mit dem Bus von Leipzig oder Delitzsch. Leipzig ist überregional mit dem Nah- und Fernverkehr zu erreichen.

ORTE AUF DEM WEG Bad Düben → Niederglaucha → Noitzsch → Krippehna → Naundorf → Pressen → Ochelmitz → Pönitz → Cradefeld

Nachdem ich ja nun schon eingelaufen bin und zudem weiß, dass der nächste Tag mein erster Ruhetag sein wird, beschließe ich, es darauf anzulegen und eine Tour mit Überlänge bis vor die Tore Leipzigs zu wagen. Die Tour ist mit fast 33 km die Drittlängste der ganzen Wanderung.

Für all diejenigen, denen das zu viel ist, gibt es auf dem Weg mehrmals die Möglichkeit, früher in die S-Bahn einzusteigen und den Rest zu fahren. Unterkünfte auf dem Weg sind aber eher rar; dazu müsste man nach Eilenburg ausweichen oder mindestens bis Krostiz laufen.

Gut gefrühstückt in der gut und komplett ausgestatteten Gästeküche geht es durch den Kurgarten bergab in Richtung Mulde. Der Ort wirkt sehr aufgeräumt. Aber so geschäftig, wie es hier zugeht, würde man nicht unbedingt auf einen Kurort schließen. Statt in die Altstadt zu laufen, biege ich auf die Bundesstraße 2 nach Wellaune und laufe über die Muldebrücke. Wie ich den eher kleinen Fluss Mulde sehe, kann ich kaum glauben, dass dieser im Jahr 2003 das Jahrhunderthochwasser in der ganzen Region verursacht hat. Hinter der Brücke führt der Weg links in ein kleines Industriegebiet, an einem alten Wasserturm vorbei und auf den Muldedamm. Hier sieht man, wie viel Geld nach der Flut investiert wurde, um die Dämme aufzuschütten. Für mich sieht es auch so aus, als hätte man dabei auch gleicht die Flussschleifen teilweise renaturiert.

Die Mulde bei Bad Düben

Heute ist das Wetter angenehm warm und es ist nur leicht bewölkt. So habe ich von dem Damm einen schönen Blick auf die Landschaft und den mäandernden Fluss. Ein paar Fischreiher sind auch unterwegs. Ich habe das Gefühl, in einer intakten Umgebung unterwegs zu sein. Dieses Gefühlt währt aber nur kurz. Der Damm endet nach ca. 4 km auf der lauten Bundesstraße 107 kurz vor Niederglaucha. Dieser muss ich ein kurzes Stück in den Ort folgen und dann scharf rechts auf den Weg »Am Sportplatz« einbiegen. Der landschaftliche Gegensatz könnte kaum größer sein: Hier sind die Pflanzen verdorrt. In Sichtweite steht zudem eine riesige, baufällig aussehende Mastanlage mit 3 großen Biogasanlagen. Dem Geruch nach zu urteilen, handelt es sich um Schweinehaltung. Mir tun wieder die Tiere leid, aber auch die Anwohner, die den Geruch tagtäglich ertragen müssen. Ich laufe etwas zügiger, um schneller in das angrenzende Waldgebiet zu gelangen.

Hier ist es wieder angenehmer, auch wenn der Boden teilweise asphaltiert ist und in einigen Parzellen durch abgestorbene Bäume viele Lücken entstanden sind. Auf halbem Weg, mitten im Wald, gibt es eine Rastmöglichkeit, die ich nach den knapp 10 km dankend für eine kurze Pause nutze. So kann ich auch noch einmal meinen Blick auf das Treiben im Wald richten, bevor der sehr anstrengende Mittelteil beginnt.

Sobald man das Waldgebiet verlassen hat, kommt man auf einem Feldweg, mit größeren Feldern beidseits, in das kleine Dorf Noitzsch. Auch dieser Ort wirkt sehr verlassen, einige kaputte, leerstehende Häuser stechen ins Auge. Es fehlt nur der buchstäbliche Strohballen, um sich in »Middle of Nowhere« im mittleren Westen der USA zu fühlen.

Leider konnte ich keine schönere Variante für den Weg finden, deswegen muss ich von Noitzsch in südwestlicher Richtung nach Krippehna und weiter nach Naundorf auf der Straße laufen. Es ist zwar keine stark befahrene Straße und auf einigen Abschnitten stehen auch Bäume auf einer Straßenseite, die für etwas Schatten sorgen. Dennoch ist der Weg sehr anstrengend und belastend für die Füße. Krippehna ist nicht ganz so verlassen, wird aber auch wieder geprägt von einem für die Region typischen Riesenhof. Hier zweigt der Jakobsweg nach Wölkau und weiter nach Krostiz ab. Ich laufe aber weiter nach Naundorf. Kurz vor dem Ort steht eine schöne alte Windmühle, die bewohnt wird; ansonsten gleicht es den anderen auf der Route.

Die Route verläuft durch Naundorf hindurch weiter als gepflasterte »Bahnhofsstraße« Richtung Kämmereiforst. Meine Füße glühen schon ziemlich, nach den letzten 8 km auf Asphalt. Da kommt der Bahnhof »Kämmereiforst« mit seinem Bahnübergang und der Stellwerkstechnik aus Kaiserzeiten genau richtig. Bei einer etwas längeren Pause beim Bahnhofsgebäude kann ich den Blick

Verfallene Häuser auf dem Weg nach Leipzig

schweifen lassen und dem Stellwerksarbeiter beim »Kurbeln« und »Hebel ziehen« zugucken; eine kleine Zeitreise. Es wirkt etwa so, wie ich mir den Bahnwärter Thiel aus dem Roman vorstelle. Wer keine Lust mehr hat zu laufen, kann hier die Tagestour beenden und mit der S-Bahn über Eilenburg nach Leipzig weiter fahren.

Ich gehe mit halbwegs ausgeruhten Füßen das letzte Straßenstück über Pressen zur größeren Landstraße weiter. Hier nutze ich die Möglichkeit, auf dem kleinen Feldweg nach Ochelmitz, den Straßen zu entfliehen. Entlang eines Heckenabschnitts geht es zwischen den großen, staubtrockenen Feldern in Richtung Süden. Weit und breit ist keine Menschenseele unterwegs. Ich erschrecke richtig, als es beim Vorbeigehen im Unterholz knackt und plötzlich 3 Rehe – eine Staubwolke hinter sich herziehend – vor mir über das Feld flüchten. Ich habe mich schon gefragt, wofür die Hochsitze in dieser platten, offenen Umgebung gut sein sollten. Nachdem kurze Zeit später ein weiteres Mal ein Reh vorbeiläuft, weiß ich es. Dieses kleine Highlight hebt meine Motivation enorm. Nach mittlerweile 23 km hatte sie nämlich schon etwas gelitten.

Ochelmitz ist dann nach einem weiteren kurzen Stück auf einer Ortsstraße schnell durchquert, so dass dahinter der Feldweg nach Pönitz in Angriff genommen werden kann. Die Landschaft ist leicht hügelig, ansonsten gibt es aber wenig Abwechslungsreiches zu sehen. Der Kieselweg zieht sich und ich merke, wie mir jeder Schritt schwerer fällt. In Pönitz überlege ich kurz, es bei 27 km Wegstrecke gut sein zu lassen und die S-Bahn ins Zentrum zu nehmen, entscheide mich dann aber dagegen. Die Nähe zur Großstadt ist hier schon deutlich sichtbar, einmal wegen des stärkeren Verkehrs auf der Durchgangsstraße und zum anderen wegen der eher teureren Autos.

Spontan beschließe ich, von Pönitz durch das angrenzende Biotop nach Taucha zu laufen. So, meine Überlegung, endet die Tagesroute erstens an der Leipziger Stadtgrenze und zweitens mit einem grünen Abschnitt im Kopf und nicht mit kahlen Feldern und harten Straßen. Also verlasse ich Pönitz nach Westen über den Gartenweg und biege kurz darauf wieder nach Südwesten auf einen kleinen Trampelpfad ein. Im Vergleich zum restlichen Teil des Tages fühlt sich der schmale Waldweg an, als würde ich über Kissen laufen. Auch hier sehe ich wieder ein kleines Rehkitz und schon ist die gute Laune wieder zurück. Obwohl ich inzwischen ziemlich ausgelaugt bin, macht es Spaß an dem kleinen Wassergraben und dem anschließenden Teich entlang durch das Unterholz zu spazieren. Einige Tagesausflügler begegnen mir und die Nachmittagssonne sorgt für eine schöne Stimmung. Schade, dass nicht der Rest des Weges ebenso idyllisch verläuft. Nach einer guten dreiviertel Stunde endet der schöne Waldpfad an einer Koppel und führt als Dorfstraße durch Cradefeld und Graßdorf, an dem dazu gehörigen Gut Graßdorf nebst Pferdeställen vorbei.

Die letzten 2 km bis zum Bahnhof Taucha gleichen einem kleinen Kampf. Die Füße schmerzen und inzwischen auch die Beine und die Hüfte. Wo es geht, versuche ich, nicht auf dem Asphaltweg, sondern auf dem kleinen Grünstreifen daneben zu laufen. Jetzt verstehe ich auch, was erfahrene Wanderer damit meinen, wenn sie sagen, dass eine Strecke zwischen 25 km und 30 km zu laufen zäh wird und jeder Kilometer darüber hinaus richtig unangenehm wird. Die Distanz klingt eigentlich nach nicht viel, aber wenn man es selber mit Gepäck läuft, noch dazu auf hartem Untergrund, spürt man die zurückgelegten Kilometer mit jedem Schritt deutlicher. Selten habe ich mich so gefreut, auf einer Bahnhofsbank ausruhen zu können und die Schuhe auszuziehen. Die leicht verstörten Blicke der anderen Reisenden sind mir in diesem Moment völlig egal. Eine halbe Stunde später kommt die S-Bahn Richtung Leipziger Zentrum und mit der Straßenbahn geht es dann noch in die Südvorstadt, in der meine Unterkunft liegt. Die knapp 13 km dauern nicht länger als 25 Minuten. Im Gegensatz zu 3 Stunden, die ich dafür mindestens gebraucht hätte, ist das so gut wie gar nichts.

Das Hotel befindet sich in einer Querstraße der »Karl-Liebknecht-Straße«, in der Nähe des Südplatzes. Leipzig bietet zahlreiche Unterkunftsmöglichkeiten für jeden Geldbeutel und in verschiedenen Vierteln. Ich wollte in der Nähe der Südvorstadt mit ihrem pulsierenden Leben als Kontrast zum Landleben übernachten. Dort gibt es unzählige Restaurants, Bars und Cafés, die trotz der Corona-Zeit (mit Einschränkungen) zum Glück geöffnet haben, so dass ich den harten Tag entspannt ausklingen lassen kann.

Leipzig Ruhetag

Auch wenn mein Aufenthalt in Leipzig zur Erholung ruhiger verlaufen sollte, habe ich trotzdem Einiges unternommen. In Leipzig kann man gut mehrere Tage verbringen. Es gibt auch einige sehr informative Reiseführer. So möchte ich nur einige mögliche Aktivitäten stichpunktartig auflisten, die im Stadtbereich liegen:

▸ Eine Bootstour auf den Kanälen Leipzigs. Leipzig hat ein ausgedehntes Netz zum Wasserwandern. Die Flüsse Parthe, Weiße Elster und Pleiße haben mit ihren Verästelungen eine schöne Wasser-Landschaft geschaffen, die durch zusätzlich angelegte Kanäle erweitert wurde und mit einer geführten Tour oder im Miet-Kanu befahren werden kann.

▸ Eine Rundfahrt mit der Straßenbahn oder einem Tourismusbus. Architektonisch hat Leipzig viel zu bieten.

▸ Ein Besuch des Panometers, im alten Gasometer. Hier kann man übergroße 360-Grad Bilder des Künstlers Yadegar Asisi bewundern.

▸ Der Leipziger Zoo ist mit seinen schönen Themenwelten auch sehr sehenswert, aber dazu sollte man nicht fußfaul sein.

▸ Dasselbe gilt für die Innenstadt und die neu renovierte Universität, die ebenfalls nur zu Fuß erkundet werden können.

▸ Für Freunde der klassischen Musik gibt es in der

Bach-Stadt natürlich noch das bekannte Gewand-
haus und den Thomanerchor neben der Oper.

▸ Es gibt weitere kulturelle Angebote in den Theatern
und Museen. Es lockt aber auch ein Besuch eines der
Lesesäle der Nationalbibliothek.

▸ Bei gutem Wetter ist Entspannung an einem der vielen Seen im Neuseenland im Süden der Stadt geboten.

Kanäle in Leipzig

Leipzig – Borna

Start Hotel Markgraf, Leipzig Südvorstadt
Ziel Pension Borna, Borna

Routenlänge 30,59 km + 4,51 km Bus

Dauer (inkl. Pausen) 8 Stunden

Höhendifferenz 40 m / 400 m
Start–Ziel / gelaufen

An-/Abreise Zug / Zug
mit ÖPNV möglich

ANREISEINFO Leipzig ist überregional mit Bahnen und Bussen zu erreichen. Borna kann mit der S-Bahn oder Regionalbahn ab Leipzig erreicht werden.

ORTE AUF DEM WEG Leipzig – Markkleeberg → Großdeuben → Böhlen → Rötha → Kahnsdorf → Großzössen → Lobstädt → Borna

Auch diese Route ist etwas länger geworden als zunächst geplant. Nachdem ich in Kahnsdorf leider keine Unterkunft für eine Nacht finden konnte, bin ich nach Borna ausgewichen, allerdings sind mir 35 km dann doch zu weit, weswegen ich für die letzten 5 km den Bus nehme.

Frisch ausgeruht nach einem Ruhetag geht es in der Südvorstadt los. Ich bin selbst erstaunt, wie viel ein Tag Auszeit ausmacht. Hatte ich am Ankunftstag in Leipzig doch platte Füße und Schmerzen beim Auftreten, spüre ich jetzt so gut wie gar nichts mehr davon. Durch einige Straßen im Zickzack geht es in den »Auwald« westlich der Südvorstadt. Dort verlaufen viele kleine Seitenarme der Pleiße und Weißen Elster. Insgesamt ist es sehr ruhig am Vormittag und so kann ich – meinen Gedanken nachhängend – gemütlich am Wasser in Richtung Süden laufen. Über ein paar kleine Brücken, vorbei am Wildpark gelange ich im nördlichen Markkleeberg in eine reiche Villen-Gegend, die nicht so recht zu Leipzig passen will. Rechts in die Kirschallee abbiegend sieht man schon die neu gestaltete Park und Weiheranlage vor sich, bevor man danach – wieder nach Süden abbiegend – an den Cospudener See gelangt. Dieser ist der Beginn des Neuseenlandes, das südlich von Leipzig aus den ganzen alten Braunkohle-Tagebaugebieten geschaffen wurde. Bei den riesigen Ausmaßen und dem glitzernden Wasser kann man sich nur noch schwer vorstellen, welche verschmutzte Mondlandschaft vor noch nicht einmal 30 Jahren hier vorgeherrscht haben muss. Nur aus der Erzählung des Bootsführers meiner Kanaltour weiß ich, dass es furchtbar gestunken haben muss, sämtliche Häuser verrußt waren und Leipzig überhaupt keine lebenswerte Stadt war. Davon ist jetzt gar nichts mehr zu sehen, viel mehr boomt Leipzig und der Zuzug kommt auch den umliegenden Gemeinden zu Gute. Am östlichen Ufer entlangspazierend kann ich den unzähligen Wassersportbegeisterten beim Kyten, Windsurfen, Paddeln und vielem mehr zuschauen. Bei gutem Wetter, wie ich es hatte, kommt schnell Urlaubsstimmung auf. Am südlichen Ende der Promenade gibt es sogar eine kleine Marina und es verteilen sich am Ufer verschiedene Buden für den Hunger zwischendurch. Es lohnt sich, eine kleine Pause nach den ersten 10 km einzulegen und bei einem Eis und/oder Kaffee den Blick über die Umgebung schweifen zu lassen: Am Horizont kann man sogar den Belantis-Freizeitpark hinter dem See aufblitzen sehen.

Nach der ausgedehnten Wanderung vor der Seekulisse folgt nun ein längerer Waldabschnitt (5 km). Leider ist der Weg geteert. Das tut der guten Laune in dieser schönen Umgebung allerdings keinen Abbruch. Mir begegnen einige Radfahrer und ich fühle mich bestätigt in meinem Gefühl, dass Leipzig einen hohen Freizeitwert hat. Nach dem, was ich in der Stadt gesehen und erfahren habe, bietet sie insgesamt eine hohe Lebensqualität.

Auf meinem jetzigen Abschnitt verläuft auch der Jakobsweg, dem ich – die Autobahn überquerend – folge und bald darauf in eine Art Heidelandschaft gelange. Am Wegesrand hängen kleine Äpfel an den Bäumen und nach der Querung der Fernwärmetrasse laufe ich auf sandigem Untergrund – begleitet vom Insektensummen – weiter Richtung Böhlen. Meine Route weicht hier wieder vom Jakobsweg ab. Dieser führt weiter nach Großdeuben und von dort nach Rötha entlang der Straße.

Ich laufe weiter, in südlicher Richtung, auf dem schönen Waldweg, bis ihn die Bundesstraße kreuzt. Von hier geht es entlang der Bahntrasse auf einem Wirtschaftsweg weiter Richtung Süden. Man sieht wieder die starken menschlichen Eingriffe in die Natur durch ehemalige Abraumhalden des am Horizont noch immer sehr präsent qualmenden Kohlekraftwerks von Böhlen. Weiter geradeaus landet man schlussendlich beim Bahnhof Böhlen und unterquert die Eisenbahntrasse, um in

Richtung Osten nach Kahnsdorf zu gelangen. Die langgezogene Böhlener »Jahnstraße« versprüht puren DDR-
Charme mit ihrer Bebauung und den – auch in Berlin
noch zu findenden – Beton-Straßenlampen mit Plastik-
schirm. Auf halber Strecke auf der »Jahnstraße« kreuzt
eine einspurige Bahntrasse, die auch schon ihre beste
Zeit hinter sich hat und nur für Fußgänger passierbar
ist. Ein weiteres Mal geht es über die Pleiße und dann
rechterhand auf einen Wiesenweg zum Stausee Rötha.
Auch wenn der See sehr zum Baden einlädt, ist das wegen Blaualgen leider nicht gestattet. So bleibt mir nur,
auf einer der zahlreichen Bänke auf dem Seedamm ein
Päuschen mit Brotzeit einzulegen, bevor die letzten 8 km
in Angriff genommen werden können.

Mit frischem Elan geht es nun weiter über die Landstraße auf die Landzunge zwischen Kahnsdorf und
Hainersee-Ablauf. Der Sandboden ist angenehm nach
dem vielen Teer. Ab und zu sind noch Schilder zu sehen,
die darauf hinweisen, dass hier alles einmal Tagebau-
gebiet war und deshalb auch heute noch nicht betreten
werden darf.

Stausee bei Rötha mit Rundweg

Das Landstück zwischen Hainersee und Kahnsdorfer See hat etwas von einer Lagune und man sieht viele Menschen die Landschaft genießen. Der Ort Kahnsdorf am Ende der Landzunge zeigt die ganze Entwicklung der Region. Der alte Teil des Ortes besteht aus den typischen Ziegelbauten. Auch ein großer ehemaliger DDR-Viehbetrieb fehlt nicht. Der neue Teil des Ortes, am Wasser gelegen, ist bebaut mit neuen Appartements, hat eine nagelneue Promenade mit Fressbuden und ich entdecke viele Autos mit den unterschiedlichsten Kennzeichen. Wie mir mein Gastgeber später erzählen wird, sind die Seen teilweise im Privatbesitz und der Zugang oft reglementiert. Die teuren Ferienwohnungen an der Promenade sind zum Großteil in Hand von Westdeutschen und weitere Millionenprojekte sollen folgen. Weil die Seen durch den ehemaligen Kohleabbau dazu tendieren zu »versauern«, sorgt wöchentlich ein Schiff dafür mit Kalkabwurf den PH-Wert zu senken.

Es ist schade, dass die örtliche Bevölkerung, die die negative Vorgeschichte ihrer Region miterlebt hat, aufgrund ihrer begrenzten finanziellen Möglichkeiten jetzt

Hainer See, ehemaliger Braunkohle-Tagebau

nur eingeschränkt von der Entwicklung der neuen Erholungsflächen profitieren kann.

Die angenehm warme Nachmittagssonne und die reizvolle Seenlandschaft verleiten mich dazu, mein zweites Eis an diesem Tag als Stärkung und Motivationsschub für den Endspurt zu kaufen. Auf der Landstraße laufe ich bis Lobstädt und steige dort in den Bus nach Borna »Am Pregauer Tor« ein. Auf diesem Abschnitt ist von der schönen neuen Freizeitwelt wenig zu sehen. Es dominieren alte, teilweise heruntergekommene und leerstehende Häuser.

Borna selbst ist ein ganz netter Ort. Als ich am Samstagabend dort ankomme, ist aber nichts los. Nach einer kurzen Runde über den Marktplatz gehe ich zur Pension »Borna« und mache mir dort mein Abendessen. Die Pensions-Gastgeber, eine Musikerfamilie, sind sehr nett. Sie erzählen viel von den früheren Zeiten und geben auch Tipps für Ausflüge in die Umgebung. Scheinbar ist Borna ein guter Ausgangspunkt für ausgedehnte Radausflüge, zumindest gibt es viele ausgewiesene Radwege.

In der Pension kann man entweder draußen auf einer überdachten Terrasse essen oder, wenn es zu kalt ist – wie bei mir – gibt es das Frühstück in einem selbst ausgebauten Gewölbekeller, gestaltet mit viel Liebe zum Detail. Ich bin auf jeden Fall nach den knapp 30 km bedient für den Tag und froh, dass morgen weniger als 25 km anstehen.

TAG 8

Borna – Altenburg

Start   Pension Borna, Borna
Ziel   Pension Treppengasse, Altenburg

Routenlänge   23,54 km

Dauer (inkl. Pausen)   6,5 Stunden

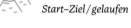
Höhendifferenz   66 m / 460 m
Start–Ziel / gelaufen

An-/Abreise   Zug / Zug
mit ÖPNV möglich

ANREISEINFO Borna und Altenburg können mit der S-Bahn oder Regionalbahn von Leipzig erreicht werden.

ORTE AUF DEM WEG Borna → Zedlitz → Wyhra → Pähnitz → Windischleuba → Remsa → Altenburg

Der achte (Wander-)Tag beginnt entspannt mit einer Wanderung zunächst durch die Altstadt von Borna und danach in südöstlicher Richtung nach Zedlitz. Es geht über Wiesen entlang der Auen des kleinen Flusses Wyhra. Das Dorf Zedlitz verfügt sogar über einen Bus, der auch sonntags fährt; daran könnte sich Brandenburg ein Beispiel nehmen. Ich komme ins Gespräch mit der

SACHSEN - THÜRINGEN

Busfahrerin (kleiner Transporter), die mich an der Haltestelle »Am Pregauer Tor« warten sieht und keine Gäste hat. Sie erzählt von der Gegend und davon, wie alles nach der Wende den Bach runterging, als die Tagebaubetriebe und Fabriken geschlossen wurden und mehrere Nachnutzungskonzepte scheiterten. Weiter erzählt sie, dass viele Leute weggegangen sind und einige derer, die dageblieben waren, dem florierenden Drogenhandel zum Opfer gefallen sind. Das erklärt auch den großen Leerstand und die vielen verfallenen Häuser. Nun liegt die Hoffnung der Bevölkerung auf dem Boom Leipzigs, der Aufwertung als Erholungsgebiet und den erneuerbaren Energien; einige größere Flächen mit Solaranlagen sind hier in naher Vergangenheit ans Netz gegangen.

Nach der kurzen, interessanten Lokalgeschichtsstunde setze ich meinen Weg – jetzt wieder Teil des Jakobswegs – nach Wyhra fort. Der Ort wirkt nach dem bisher Gesehenen ein bisschen wie aus einer anderen Welt: schön renovierte, kleine Bauernhöfe mit Biosiegeln an der Tür, kleinflächigere Felder und grasende Kühe auf den Wiesen – bisher waren die Tiere nie auf der Weide, sondern nur im Stall. Ein wenig wirkt es wie Bullerbü. Wenn ich es nicht besser wüsste, hätte ich keinen Tagebau in 10 km Entfernung vermutet. In Wyhra gibt es sogar einen Gasthof für Ausflügler und tatsächlich sind hier deutlich mehr Menschen unterwegs. Ich sehe den ersten anderen Wanderer seit 8 Tagen.

Es geht weiter ein Stück auf der Straße und dann rechts in einen Laubwald zum Pahnaer See. Auf einem schönen Waldweg neben einer langgezogenen Aussackung des Sees gelangt man schlussendlich zum Campingplatz von Pahna. Im Gegensatz zu den bisherigen »Grenzübertritten« zwischen den Bundesländern merke ich gar nicht,

Hinter Wyhra

dass der Campingplatz bereits in Thüringen liegt. Hier herrscht ziemliches Getümmel und es sieht so aus, als wäre der Platz ziemlich voll belegt mit Gästen, vornehmlich aus der Region. Einmal mehr ein Kontrast zur blitzenden Neubaupromenade am Kahnsdorfer See, mit den hauptsächlich westdeutschen Autos und Gästen. Am Campingkiosk kann ich mir eine kleine Stärkung kaufen und am See Pause machen.

Westlich vom Campingplatz verläuft die Route wieder in den Wald und fast schnurgerade zur Talsperre von Windischleuba. Auf halbem Weg biege ich links Richtung Pähnitz ab und gelange dahinter in eine leicht sumpfige Gegend zwischen zwei weiteren Staubecken. Die Bundesstraße und die Pleiße querend, geht es weiter nach Windischleuba, wo mich am südlichen Ortsende das Schloss mit Wassergraben und Schlosspark erwartet. Im Schloss selbst ist jetzt eine Jugendherberge untergebracht, in der ich sogar 2014 auf einer anderen Reise durch die Region übernachtet habe. Innen schön mittelalterlich eingerichtet, kann ich die Übernachtung auf jeden Fall empfehlen. Einziges Manko: In Windischleuba ist nicht viel Infrastruktur und nach Altenburg sind es noch knapp 7 km.

Ich gehe weiter über saftig grüne Wiesen mit zufrieden grasenden Rindern und Ziegen und wieder fällt mir der eklatante Unterschied zu anderen Regionen mit trockenen Feldern und Riesenhöfen auf. Ziegen werden mir jetzt die nächsten Tage noch öfter begegnen, schließlich ist Altenburg neben dem Skatspiel/Spielkarten auch für seinen Ziegenkäse bekannt. Bei tollem Wetter und mit diesem grandiosen Blick kann man nur gute Laune bekommen, auch wenn schon 20 km Wegstrecke hinter einem liegen. Durch den kleinen, schön gestalteten Ort Remsa und das darauf folgende kleine Gewerbegebiet folge ich weiter der Jakobsmuschel, bis ich zwischen zwei Industriebetrieben hindurch rechts nach Altenburg abzweige. Hier merke ich das erste Mal, dass ich an den Ausläufern der mitteldeutschen Mittelgebirgsregion angelangt bin. Fast 50 Höhenmeter geht es zunächst unter der Bundesstraße hindurch und anschließend über eine Hügelkuppe durch ein weiteres Gewerbegebiet. Von dort wieder hinab an einer Kleingartenanlage vorbei und dann ist man in Altenburg. Ich merke, wie ungewohnt nach all den platten Routen nun dieser kleine Anstieg ist. Andererseits macht es auch Spaß mal zur Abwechslung bergauf zu gehen.

Auch die Stadt Altenburg selbst ist sehr hügelig. Es geht auf Höhe des Stadtgebiets vorbei an der Spielkartenfabrik ASS zum schönen alten Bahnhof (die Anlage wirkt wie aus dem letzten Jahrhundert) und dann wieder bergauf durch den Schlosspark. Das Residenzschloss thront am Rande der Altenburger Altstadt und

Rote Spitzen
Altenburg

beherbergt heutzutage ein Museum. Ich drehe noch
eine Runde durch die Altstadt und über den Haupt-
marktplatz, auf dem heute, an einem Sonntag, deutlich
mehr los ist, als in Borna samstags. Die kleinen Gassen,
verschiedenen Marktplätze, sowie zahlreichen Kirchen
zeugen von der mittelalterlichen Geschichte der Stadt.
Interessant sind auch die »rote Spitzen« genannten
Türme des Chorherrenstiftes: einer mit einem Rund-
dach, der andere mit einem Spitzdach. Das ist scheinbar regionaltypisch, da die Orte der folgenden Routen
teilweise ebenfalls Kirchen mit zwei unterschiedlichen
Kirchentürmen haben.

   Die Pension befindet sich direkt hinter den »roten Spitzen« und bietet alles, was man benötigt. Das Frühstück

wird in einem Raum mit schönem Blick über die Stadt angeboten. Wer möchte, kann sich bei den Gastgebern Informationen zum Angebot der Stadt und der Region holen.

Ich entschließe mich dazu, nach einer Ruhepause – der Erinnerung an die Reise von 2014 wegen – wieder im Ratskeller essen zu gehen. Es gibt aber zahlreiche (auch internationale) Essensmöglichkeiten in den kleinen Kopfsteinpflaster-Gassen.

Altenburg – Glauchau

Start Pension Treppengasse, Altenburg
Ziel Pension Förster, Glauchau

Routenlänge 25,74 km + 10,56 km Regionalzug

Dauer (inkl. Pausen) 7 Stunden

Höhendifferenz 83 m / 714 m
Start–Ziel / gelaufen

An-/Abreise Zug / Zug
mit ÖPNV möglich

ANREISEINFO Altenburg kann mit der S-Bahn oder Regionalbahn von Leipzig erreicht werden. Glauchau liegt an der Regionalbahnstrecke von Chemnitz nach Gera / Zwickau.

ORTE AUF DEM WEG Altenburg → Paditz → Lehnitzsch → Mockern → Selleris → Saara → Maltis → Bornshain → Gößnitz → Crotenlaide → Meerane → Glauchau

EXKURS Für den neunten Wandertag musste ich coronabedingt auch wieder umplanen. Der Jakobsweg, dem ich eigentlich folgen wollte, verläuft von Altenburg nach Crimmitschau. Nur leider habe ich dort keine Unterkunft gefunden und bin deswegen etwas weiter

Schelchwitz

gen

Wilchwitz

g

Steinwitz

n

Altenburg

Kosma

Kotteritz Nobitz

Münsa

Kürbitz

Paditz

Zschechwitz

Oberleupten

Kaimnitz

Ehrenberg

Hauersdorf

Lohma

Buscha

Modelwitz

Garbus

Boderitz

Heiligenlei

Selleris

Höhenmeter

Lehndorf

Maltis

Kleinmückern

Löhmige

Bornshain

Taupadel

Gößnitz

Röhrsdorf

Niederwiera

Schönberg

Ponitz

Ren

Kleinber

Meerane

ankenhausen

Dennheritz

Glauchau

2 km

1 : 80 000

nach Osten nach Glauchau ausgewichen. Da die Strecke zu weit zum Laufen ist, habe ich den Zwischenteil von Meerane zum Bahnhof von Glauchau mit dem Zug zurückgelegt. Dafür ist aber die Route für den nächsten Tag etwas kürzer.

Beim Start in Altenburg mache ich noch einmal eine Tour durch die gerade aufwachende Altstadt am Morgen und wandere dann am großen Teich vorbei bergauf in südlicher Richtung aus der Stadt heraus. Am höchsten Punkt habe ich noch einmal einen schönen Ausblick auf die Umgebung, bevor es die Schnellstraße überquerend bergab nach Paditz geht. Das Dorf wirkt recht putzig mit seiner leicht überdimensionierten alten Steinbrücke über die – nicht gerade breite – Pleiße (die ich ja schon seit Leipzig immer wieder kreuze). Nach dem Überqueren des Bahnübergangs über die Sachsen-Franken-Magistrale muss ich mich auf dem kleinen Trampelpfad (schlecht ausgeschildert) zwischen den Häusern und den Gleisen halten und komme dann wieder bergauf zum Dorf Lehnitzsch, das nur aus ein paar kleinen Häusern besteht. Daran vorbei geht es wieder bergab über Wiesen und Felder nach Mockern. Ich finde es schon erstaunlich, mich innerhalb eines Tages auf einmal in derartigen Hügellandschaften wiederzufinden. Bis vor zwei Tagen gab es nicht einmal kleine Anstiege.

Noch zweimal quert der Weg die Pleiße sowohl vor, als auch nach Mockern, einem sehr aufgeräumt wirkenden Siedlungsdorf. Ich verpasse leider den Abzweig hinter Mockern. Deswegen muss ich ein Stück neben der stark befahrenen Bundesstraße entlanglaufen, kann aber zum Glück nach einem halben Kilometer über eine kleine Pleiße-Brücke bei einer ehemaligen Mühle rechts auf die Straße nach Selleris abzweigen.

Fast wie im Voralpenland

Auf dem Weg nach Saara kommen mir einige Rad-ausflügler entgegen. Das Wetter ist wieder super und die weite, leicht hügelige Landschaft lässt ein wenig Voralpen-Feeling aufkommen. Immer wieder sehe ich Schafe und entlang der Straßen stehen in unregelmäßi-gen Abständen Birnbäume. Saara ist sehr übersichtlich, hat dafür aber ein Gemeindezentrum mit Shuttlebus in die umliegenden Dörfer und auch wieder eine Kirche mit zwei unterschiedlichen Türmchen. Am südlichen Ortsausgang endet die Dorfstraße in einem Feldweg. Der führt mich über die Bahnstrecke nach Gera und endet in dem – auf einer knapp 80 m hohen Hügelkuppe liegen-den – Dorf Maltis. Neben einigen Wohnhäusern stehen hier auch alte kleine Höfe mit schönen alten Holztoren.

Von hier kann ich leider nur auf der asphaltierten Straße weiterwandern, aber da kaum Verkehr ist, ist es halb so schlimm. Ich habe Glück, dass ich gerade im Sep-tember unterwegs bin und kann mir ein paar der reifen Birnen von den alten Bäumen entlang der Straße pflü-cken. Scheinbar interessiert sich niemand außer mir dafür, was die Masse an faulendem Obst auf dem Boden beweist. Auf halber Strecke zwischen Maltis und Bornshain steht idealerweise eine Bank, so dass ich mit meiner Obst-Beute und meiner restlichen Brotzeit eine entspannte Pause mit Blick über die Täler mache. Zufälligerweise befindet sich dieser Platz auch fast in der Hälfte des Tageswanderpensums.

Nach meiner entspannten Ruhephase laufe ich mit frischer Energie weiter nach Bornshain. Dort schlängeln sich kleine Wege zwischen den Häusern und durch das Dorf hindurch. Am anderen Dorfende geht es teils serpentinenartig auf einem Wiesenweg hinab nach Gößnitz. Auf Höhe der Straßenüberführung über die Bahnstrecke zweigt der Jakobsweg ab nach Crimmitschau. Ich laufe weiter in den Ort. Der Bahnhof zeugt von einer alten Industrieära, aber im Ort selbst sehe ich nur wenig

Birnbaum
bei Gößnitz

davon. Die Einkaufsstraße und der Markt sind renoviert, es gibt fast keinen Leerstand, worüber ich mich bei diesem kleinen, eigentlich recht überschaubaren Ort etwas wundere.

Auf Höhe der Kirche Sankt Annen folge ich der »Wildenburger Straße«, die ziemlich steil bergauf an der Ortsschule vorbei aus dem Ort hinausführt. Kurz hinter dem Ortsende biege ich auf den Feldweg nach Köthel ein, auf dem es 2 km geradeaus geht, mit Blick auf die Hügel am Horizont. Ursprünglich hatte ich geplant über Köthel, Schönberg und Dittrich nach Glauchau zu laufen. Aber nachdem ich schon 20 km hinter mir habe, noch 15 km bis Glauchau fehlen und in den Dörfern keine Busse fahren, disponiere ich spontan um und biege am Ende des Feldwegs rechts in Richtung Hainichen/Crotenlaide ab.

Crotenlaide besteht im Endeffekt aus einer einzigen, ziemlich langen Straße mit alten Backstein-Fabrikgebäuden. Sie stammen aus der Zeit, als die Region noch Zentrum der Textilindustrie Preußens war. Das gleiche Bild bietet sich in Meerane, wo viele Gebäude verfallen sind und leer stehen. Vom Sterben der Textilindustrie durch die Produktionsverlagerung ins Ausland und den Zusammenbruch der DDR hatte ich schon gelesen, aber so eindrücklich wie es mir hier vorgeführt wird, hatte ich es nicht erwartet. Aus Berlin und dessen Umland kenne ich Gebiete früherer wirtschaftlicher Hochkonjunktur, aber dort sind trotz wirtschaftlichen Verfalls zwischen den Fabrikruinen auch (wieder-)genutzte Flächen. Das liegt wahrscheinlich daran, dass Berlin als Großstadt eine andere Anziehungskraft hat. Nach meiner Tour habe ich gelesen, dass Meerane bekannt für den Karosseriebau (z. B. der Trabant in der DDR) war. Wenigstens von diesem Wirtschaftszweig sind durch die Ansiedlung des

VW-Werks in Zwickau noch Teile als Zulieferer erhalten geblieben. Dafür werden allerdings nicht die alten Gebäude genutzt, sondern es wurde ein neues Gewerbegebiet im Süden geschaffen (Nähe zu Zwickau).

In Meerane nehme ich die Regionalbahn nach Glauchau und bin, froh über meine Entscheidung, einen Teil mit dem Zug zu fahren: Der Weg wäre nur an Straßen entlang gelaufen. Zudem hätte ich durch das riesige Gewerbegebiet im Norden Glauchaus gemusst und meine Füße machen sich nach den 23,5 km bis Meerane schon wieder bemerkbar. Glauchau ist ebenfalls geprägt von dem Niedergang der Textilindustrie. Die Einkaufszone wirkt verwaist und direkt hinter dem Bahnhof begrüßt mich die gewaltige Ruine einer ehemaligen mechanischen Weberei (VEB Palla-Textilwerke Glauchau). Dafür sind der Marktplatz und die Lage von Glauchau schön. Die Stadt ist in die Hügel gebaut mit Straßen, die sich auf verschiedenen Höhenniveaus kreuzen. Die Unterkunft liegt am oberen Ende des Ortes, so dass die letzten 2 km noch einmal Anstieg bedeuten.

In der Pension übernachten vor allem Arbeiter der in Glauchau ansässigen Autozulieferer, aber das stört mich nicht, da alles vorhanden ist, was ich brauche. Der Gastgeber ist sehr nett und interessiert an meiner Wanderung. Zudem gibt es die Möglichkeit, sich Essen warm zu machen. Diese Option nehme ich dankend wahr, da ich keine Lust mehr habe, wieder in den Ort runterzugehen. Frühstück gibt es auf Wunsch in der alten Gaststube.

Glauchau – Zwickau

Start Pension Förster, Glauchau
Ziel City Pension, Zwickau

Routenlänge 17,72 km

Dauer (inkl. Pausen) 5 Stunden

Höhendifferenz -23 m / 271 m
Start–Ziel / gelaufen

An-/Abreise Zug / Zug
mit ÖPNV möglich

ANREISEINFO Glauchau liegt an der Regionalbahnstrecke von Chemnitz nach Gera/Zwickau. Zwickau kann von Leipzig mit der S-Bahn erreicht werden und liegt an der Regionalbahnstrecke Dresden–Hof

ORTE AUF DEM WEG Glauchau → Schlunzig → Mosel → Oberrothenbach → Crossen → Pölbitz → Zwickau

Trotz der nur »25« km vom Vortag bin ich durch die – bis dahin – ungewohnten Höhendifferenzen ziemlich gehfaul. Da trifft es sich gut, dass die heutige Route mehr oder weniger auf einer Höhe verläuft und ich so auf den knapp 18 km gemütlich vor mich hinlaufen kann.

Glauchau

Dennheritz

Oberrothenbach

Zwickau

Mülsen St

Müls

dorf

Höhenmeter

270

240

0   3   6   9   12   15

Kilometer

2 km

1 : 80 000

Von der Pension oben in Glauchau geht es erst einmal wieder den ganzen Hügel hinab und durch den kleinen Gründelpark zur Mulde. Ja, die Mulde! An der bin ich schon einmal entlang gelaufen – hinter Bad Düben. Jetzt also heißt sie »Zwickauer Mulde« und wird mich den ganzen Tag begleiten. Ich habe mir einen Weg direkt auf dem Damm ausgesucht, was sich als goldrichtig erweist. Aus Glauchau hinaus führt die Route zunächst am Stausee vorbei, an dessen Ufern sich viele ältere Herrschaften treffen und gemeinsam angeln. Eine schöne Idee. Ich habe den Eindruck, dass der Zusammenhalt der Bevölkerung untereinander in Sachsen und Thüringen ausgeprägter ist, als in Brandenburg.

Kurz vor Wernsdorf geht es rechts über die Mulde an deren westliches Ufer. Wie bei Bad Düben, wurde auch hier der Damm erneuert. Ich laufe linker Hand dem angedeuteten Wiesenweg, um so wenig wie möglich verdichteten Boden unter meinen Füßen spüren zu müssen.

Hier ist es wirklich super schön, der Fluss fließt relativ flott dahin und man sieht kaum menschliche Bauten oder landwirtschaftliche Arbeiten, dafür zwitschern etliche Vögel. Immer wieder bleibe ich stehen, halte mein Gesicht in die Sonne und versuche den Moment abzuspeichern. Gemächlich geht es weiter an Schlunzig vorbei über die Landstraße und dann sehe ich auch schon das riesige VW-Werk bei Mosel. Hier herrscht natürlich entsprechender Trubel und ein LKW nach dem anderen verschwindet im Werk oder kommt heraus. Dieses eine Werk sorgt, meinen Gesprächsinformationen zufolge, zusammen mit seinen Zulieferern für erheblichen wirtschaftlichen Wohlstand in der Region. Immerhin ist in Zwickau eine über 100-jährige Automobilindustrie ansässig. Hier wurde Horch (der Vorgänger von Audi) gegründet und Ferdinand Porsche wirkte hier. Dies dürfte einer der Gründe für die Großinvestition von VW nach der Wende gewesen sein.

Unter der lärmenden Bundesstraße hindurch geht es in den kleinen Ort Mosel, der direkt neben dem Werk liegt. Hier zweige ich, sobald es geht, wieder von der Straße ab und laufe an einem alten Rittergut vorbei auf einem schmalen Wiesenweg entlang der Mulde. Interessanterweise sehe ich hier vornehmlich Pferde. In der Altenburger Region waren es dagegen vor allem Ziegen, die auf den Weiden standen.

Nach einem kleinen Waldabschnitt, der immer wieder Blicke auf die glitzernde Mulde zulässt, laufe ich auf einem relativ langen Straßenabschnitt hinter der Kläranlage weiter Richtung Süden.

Hinter der Brücke nach Crossen darf ich dann wieder von der Straße auf den Deich ausweichen, allerdings leider auf einen geteerten Fahrrad/Fußgängerweg. Meine Füße sind schon so durchgewalkt, dass ich lieber auf dem unebenen Grün neben dem Weg laufe. Ich ärgere mich ein wenig darüber, dass ich den nächsten Ruhetag erst in 10 Tagen eingeplant habe. Im Nachhinein ist man meistens schlauer, aber Ihr könnt das ja bei Eurer Planung besser machen.

So geht es einige Kilometer weiter. Immer wieder laden kleine Bänke zur Rast ein. Man kann den Blick über den Fluss schweifen lassen. In die andere Richtung schaut man lieber nicht, denn hier reiht sich ein Industriebetrieb (noch in Betrieb oder stillgelegt) an den anderen. Zwickau hat auf jeden Fall für seine Größe erstaunlich viele Betriebe. Am Ortsteil Pölbitz vorbei laufe ich an den Flussschleifen entlang. Immer mehr Menschen nutzen jetzt das Ufer für ihre Spaziergänge. Kurz vor dem

Stadtzentrum begegne ich einer großen Schafherde, die als mobiler Rasenmäher auf dem Deich eingesetzt ist. Es scheint zu funktionieren, denn unter großem Mäh-Konzert ist der Abschnitt ziemlich schnell kahl; sehr praktisch. Ich sehe im Weitergehen, wie der Hirte bereits den nächsten Deichabschnitt absteckt.

In Zwickau werde ich von einer sehr schön hergerichteten Altstadt überrascht. Es gibt sogar ein kleines Straßenbahnnetz, das die verschieden politischen Systeme

überlebt hat. Das finde ich fortschrittlich, wenn auch eher ungewöhnlich für eine Stadt dieser Größe (90.000 Einwohner). Mir ist zumindest keine vergleichbar große westdeutsche Stadt bekannt, die sich so einen ÖPNV leistet. Ich beschließe, am nächsten Tag eine Fahrt mit der Schmalspurstraßenbahn einzubauen.

Auf dem Marktplatz angekommen, gönne ich mir ein Eis und einen Kaffee und bin überrascht, wie viel los ist. Es gibt es viele junge Leute, da Zwickau auch eine Hochschule hat. Eine eigene Ausgehmeile bietet zusätzlichen Anreiz.

Die Pension liegt zentral, aber ruhig und ich freue mich besonders über die vorhandene Badewanne, die ich gleich ausprobiere. Nach ausführlicher Ruhepause und Fußpflege fühle ich mich wieder fit für die nächsten Tage.

Zum Abendessen entscheide ich mich für das urige Restaurant »Glück auf«. Die Speisekarte ist nicht besonders groß, dafür gibt es eine gute lokale Küche und die Bedienung ist sehr freundlich. Das ganze Restaurant ist im Stil eines Bergwerks gestaltet mit Original-Zubehör wie Grubenlampen, Kleidung, Hacke und weiteren Bergbauutensilien. Auf jeden Fall ist es einen Besuch wert, zumal die Preise angemessen sind.

Zwickau – Reichenbach im Vogtland

Start   *City Pension, Zwickau*
Ziel   *Pension zur alten Gärtnerei, Reichenbach i. V.*

Routenlänge   21,01 km + 5,13 km Straßenbahn

Dauer (inkl. Pausen)   6 Stunden

Höhendifferenz   116 m / 673 m
Start–Ziel / gelaufen

An-/Abreise   Zug / Zug
mit ÖPNV möglich

ANREISEINFO Zwickau kann von Leipzig mit der S-Bahn erreicht werden und liegt an der Regionalbahnstrecke Dresden–Hof. Reichenbach liegt an der Sachsen-Franken-Magistrale von Hof nach Leipzig bzw. Dresden.

ORTE AUF DEM WEG Zwickau → Lichtentanne → Gospers-grün → Erlmühle → Neumark (Sachsen) → Reichenbach im Vogtland

Die relativ kurze Route vom Vortag, dazu die Badewanne und eigene Fußmassage, haben den fehlenden Ruhetag – zumindest teilweise – kompensiert. Von der Pension laufe ich zur Straßenbahn am Neumarkt und von dort

fahre ich zum Virchowplatz in der Nähe des Kranken-
hauses. So kann ich nicht nur die kleine Bahn ausprobieren, sondern spare mir auch ca. 5 km Fußweg auf der
Ausfallstraße.

Vom nördlichen Ortsteil aus laufe ich dann ein Stück
bergab und auf einer – zum Glück – wenig befahrenen
Straße nach Lichtentanne. Die knapp 4 km über Felder
sind leider landschaftlich nicht so reizvoll wie bei anderen
Abschnitten. Lichtentanne ist ein reiner Wohn-Vorort von
Zwickau mit zahlreichen Einfamilienhäusern. Westlich
des Ortes zweigt der Weg (hier auch wieder der Jakobsweg) links nach Schönfels ab. Zum Glück ist es wieder
ein mit Bäumen gesäumter Feldweg. Es geht leicht bergauf und bald bin ich wieder die einzige Person weit und
breit. Kurz vor Schönfels zweige ich nach Westen ab, der
Jakobsweg dagegen verläuft in den Ort und zur dortigen
Burg. Entlang eines Trampelpfades über Wiesen umgehe
ich den Ort und lande auf der kleinen Verbindungsstraße
von Schönfels zu dessen Sportplatz. Hier sind kleine Höfe,
alte Mühlen und alles wirkt sehr beschaulich. Ein Stück-

Furt über Plexebach

chen weiter nördlich biege ich dann wieder an auf einen Trampelpfad nach Westen, über das Bächlein Plexe.

Beim Aufstieg auf die kleine Hügelkuppe werde ich von neugierigen Pferden beobachtet. Ich scheine so interessant zu sein, dass sie mich tatsächlich den ganzen Weg nach oben nicht aus den Augen lassen. Auf der Höhe angekommen, bietet sich mir ein schöner Rundumblick, es dominieren aber auch hier Maisfelder. Den Hügel hinab lande ich bald darauf in Gospersgrün und folge der Landstraße nach Erlmühle. Auf der gleichnamigen Straße reiht sich ein kleines Häuschen ans andere und ich bin mit dem Postzusteller der Einzige, der unterwegs ist. Später verläuft die Straße entlang eines kleinen Baches. So kann ich gut meinen Gedanken nachhängen und vor mich hintrotten. Nur das ein oder andere Auto holt mich kurz in die Wirklichkeit zurück.

Im Dorfkern von Neumark lege ich eine Pause direkt vor dem Rathaus ein und bewundere die schönen alten Gebäude und die Kirche, die auf einer kleinen Anhöhe thront.

Markt in Neumark

Anschließend mache ich mich auf, den nächsten Höhenkamm zu erklimmen. Der »Oberneumarker Straße« folgend gehe ich stetig bergauf und bin erstaunt, wie viele Häuser in diesem kleinen Ort an den Steilhang gebaut wurden. Nach etwa einem Kilometer geht es, nach wie vor ansteigend, weiter auf der »alten Poststraße«, die dann in einen schönen Feld- und später Waldweg mündet. Am höchsten Punkt angekommen (ca. 120 Höhenmeter über Neumark) verläuft der Weg entlang der ziemlich stark befahrenen Umgehungsstraße. Ich finde es schade, dass nahezu jeder größere Hügel mit irgendeiner Straße zugebaut ist.

So laufe ich also ca. 2 km entlang der Straße, zunächst auf der einen Seite, nach einer Unterführung auf der anderen Seite, bevor der Weg von der Straße wegführt. Jetzt sehe ich auch schon Reichenbach. Es ist zum Großteil in den Hang hineingebaut. Am entfernten Horizont kann ich die monumentale Göltzschtalbrücke ausmachen. Zwischen den Feldern geht es in einem großen Bogen bergab, an Einfamilienhäusern und einer großen Villa vorbei bis an den Fuß der Stadt.

Ab hier muss ich wieder aufsteigen. Ich beschließe spontan, mir noch den Bahnhof anzugucken. Schließlich hatte ich einmal eine Dokumentation über drei junge Reichenbacher gesehen, die 1989 mit dem ersten Zug aus Prag flüchteten, der die Botschaftsflüchtlinge über Hof in die BRD bringen sollte und in Reichenbach einen Betriebshalt unter massiver militärischer Bewachung einlegte.

Die drei Reichenbacher erfuhren kurzfristig davon und schafften es, sich trotz der Bewachung an Bord des Zuges zu schmuggeln. Erst bei den nachfolgenden Zügen wurden die Türen während der gesamten Zugfahrt zugesperrt.

Die spontane Entscheidung der drei nötigt mir einigen Respekt ab, abgesehen davon, dass mir schleierhaft ist, woher sie die Information mit dem Betriebshalt hatten.

Wider Erwarten ist am Bahnhof keinerlei Tafel oder irgendeine Information dazu zu finden und das riesige Bahnhofsgebäude wirkt angesichts der 4 Abfahrten pro Stunde heutzutage deutlich überdimensioniert. Abgeschlossen ist es zudem, so dass ich nach einem kurzen Aufenthalt dort in Richtung Zentrum gehe. Das Zentrum ist ziemlich ausgestorben, die Gebäude sind lediglich zu einem kleinen Teil renoviert. Geschäfte haben auch wenige geöffnet. An einem normalen Werktag wundert mich das. Mein Gastgeber erklärt mir aber später, dass im September, nach Ende der Ausflugs- und Wandersaison, viele Ladeninhaber Ferien einlegen.

Die Pension liegt in einer netten kleinen Gasse und der joviale Inhaber erzählt mir einiges über die Region und gibt Ratschläge zu Ausflugsmöglichkeiten. In der Nähe liegt ein Alaunwerk mit Tropfsteinen, das vor einigen Jahren als Besucherbergwerk für Touristen geöffnet wurde. Auch gab es früher eine zweite Bahnstrecke entlang der Göltzsch bis zur großen Göltzschtalbrücke, deren Überreste teilweise noch stehen.

Zum Abendessen habe ich mir aus den wenigen offenen Restaurants den Museumskeller ausgesucht, der eine gute regionale Küche in schönem Ambiente bietet.

TAG 12

Reichenbach im Vogtland – Plauen im Vogtland

Start Pension zur alten Gärtnerei, Reichenbach i. V.
Ziel Hotel am Klostermarkt, Plauen.

Routenlänge 29,32 km

Dauer (inkl. Pausen) 7,5 Stunden

Höhendifferenz -32 m / 1246 m
Start–Ziel / gelaufen

An-/Abreise Zug / Zug
mit ÖPNV möglich

ANREISEINFO Reichenbach und Plauen liegen auf der Sachsen-Franken-Magistrale von Hof nach Leipzig bzw. Dresden. Plauen kann zudem von Gera mit dem Zug erreicht werden.

ORTE AUF DEM WEG Reichenbach im Vogtland → Obermylau → Netzschkau → Foschenroda → Limbach → Herlasgrün → Neudörfel → (Alt-)Chrieschwitz → Plauen im Vogtland

Bei bewölktem Himmel beginne ich meinen Weg, um das Highlight dieser Tagesroute zu besuchen: Die Göltzschtalbrücke. Noch einmal schlendere ich über den

Markt – es ist wieder wenig los – und laufe auf kleineren Straßen bis Obermylau. Hier komme ich auch an der Textilhochschule vorbei, einer Außenstelle der Fachhochschule Zwickau. Entlang des Hanges führt die Straße bis zum Dorf Obermylau. Den kleinen Dorfteich und das Rittergut hinter mir lassend, führt mich mein Weg hinauf auf eine Anhöhe, von der ich schon die Oberkante der gigantischen Brücke ausmachen kann. Ein Stück weiter, den Feldweg hinunter, sehe ich dann die größte Ziegelbrücke der Welt mit ihren knapp 40 Metern Höhe auf knapp 600 Metern Länge in voller Pracht. Hier steht passenderweise auch eine kleine Bank von der ich das Panorama genießen kann.

Nach dem Blick aus der Ferne folgt der Blick von unten, denn ich folge dem Weg bergab bis zum Fuß der Brücke. Der Weg verläuft auch ein Stück neben der Göltzsch im Wald entlang. Dieser nur wenige Meter breite Fluss ist der Grund für die Existenz der riesigen Brücke. Hier ist es idyllisch und ruhig.

Pfad neben der Göltzsch

Göltzschtalbrücke von unten

Angekommen am Brückenfuß ragen die Brückenpfeiler gigantisch in die Höhe und wer möchte kann auf diesem Weg bis nach Greiz weiterwandern.

Ich entscheide mich dafür, weiter Richtung Hof zu wandern und mühe mich hinter der Autokinobühne die steile Straße nach Netzschkau hinauf. Ich erwarte ein halb verlassenes Dorf, aber es ist erstaunlich viel los und viel Leerstand kann ich auch nicht erkennen. Kurz vor der Unterführung beim Haltepunkt Netzschkau geht es wieder nach links und entlang der Bahnstrecke Leipzig–Hof nach Foschenroda. Auf der Hügelkuppe erwartet mich das kleine Dorf, das schnell durchquert ist. In südlicher Richtung folge ich dem Weg nach Limbach. Immer wieder genieße ich den schönen Blick auf die hügelige Umgebung, die Wege sind allerdings leider sehr hart. Angekommen in Limbach nach bisher 12 km Wegstrecke, muss ich erst einmal eine kleine Pause einlegen und gönne mir ein süßes Teilchen vom örtlichen Bäcker.

Auf der »Plauener Straße« gelange ich anschließend wieder aus dem Ort hinaus und laufe zunächst südlich, dann nördlich der Bahnstrecke weiter nach Herlasgrün. Das dortige Bahnhofsgebäude liegt in einem Gleisdreieck und gehört wohl einer Privatperson, denn alle Fenster sind verbarrikadiert und überall hängen Schilder, dass Filmen und Fotos machen verboten sei. Und das, obwohl die Züge an den Gleisen normal halten. Es wirkt sehr kurios auf mich und nicht besonders einladend, so dass ich gleich weiter in den Ort hineingehe. Hier herrscht heile Welt, auf dem Bürgersteig stehen die Milchbehälter des Bauern zur Abholung, zwei Radler sind unterwegs. Hinter Herlasgrün verschwindet der Weg – nun wieder der Jakobsweg – in einem Waldstück und ist damit deutlich angenehmer für die Füße. Der angenehme Teil währt aber nur kurz und ehe man sich's versieht, ist man in Neudörfel. Entlang der Staatsstraße – vorbei an einer Bungalowsiedlung – erreiche ich bald die Talsperre Pöhl. Den Schildern nach handelt es sich um eine der größeren Talsperren, die in der DDR zum Hochwasserschutz und zur Stromerzeugung errichtet wurden.

Direkt hinter dem Staudamm geht es dann nach fast 20 km auf hartem Boden auf einen kleinen Pfad in den Wald. Um nicht die Orientierung zu verlieren, kann man hier wieder der Jakobsmuschel folgen. Nach einem kurzen Stück erreiche ich den Mosenturm, der eine super Aussicht auf den Stausee und die Umgebung bietet. Zudem kann ich in östlicher Richtung die Elstertalbrücke sehen, die zweitgrößte Ziegelsteinbrücke – interessanterweise liegen beide in derselben Region und sind Teil derselben Bahnstrecke.

Nach der Turmbesteigung bringt mich der Weg stetig bergab an einem kleinen Klärbecken vorbei zur Brücke über die weiße Elster und den dahinterliegenden Gasthof Lochbauer. Wer möchte kann hier einkehren. Ich habe es aber vorgezogen, noch ein Stückchen weiter zu laufen und entlang des Waldweges direkt am Fluss eine Pause zu machen. In dem Moment, als ich dort ankomme, reißen die Wolken auf und die Sonne strahlt alles in warmem Nachmittagslicht an. Auf diesem herrlichen Fleckchen verweile ich bewusst sehr lang, da ich weiß, dass der Endspurt noch einmal anstrengend wird.

Der kleine Waldweg mündet nach etwa einem Kilometer auf eine Straße neben der Kläranlage (ich hatte ein Déjà-Vu: wie beim Weg nach Zwickau). Die Straße führt hinter der Abwasseranlage vom Fluss weg und entlang der Eisenbahnstrecke Richtung Preißelpöhl. Die Sonne, die ich eben noch als so schön entspannend empfand, brennt jetzt erbarmungslos runter. Der Asphalt reflektiert zudem die Hitze, so dass die folgenden 3 km sehr anstrengend sind. Über die Friesenbrücke geht es kurz vor Preißelpöhl wieder über die weiße Elster und auf der anderen Seite nach Alt-Crieschwitz.

Von Alt-Crieschwitz nach Crieschwitz führt eine kleine Straße wieder bergauf. Zum Glück ist aber wenig Verkehr und ich muss nicht die ganze Zeit im Straßengraben laufen. Auf diesem Abschnitt überschreite ich wieder die magische 25 km Marke und – wie als wäre es eine unsichtbarer Auslöser – fällt mir das Laufen immer schwerer. Die Luft ist raus! Im Kriechgang ächze ich den Berg hinauf. Oben angekommen gönne ich mir erst einmal eine Pause mit Blick auf das gegenüberliegende Plauen und bin froh, heute keine großen Höhendifferenzen mehr bewältigen zu müssen.

Von Crieschwitz wieder bergab führt eine langgezogene Fußgängerbrücke über die Eisenbahnstrecke und die weiße Elster (nun zum dritten Mal). Dahinter verläuft ein Fahrradweg an der Rückseite der riesigen stahlverarbeitenden Betriebe entlang der weißen Elster. Hier sind wieder einige aktive Fahrradfahrer unterwegs. Meine Füße tun inzwischen immer mehr weh, wegen der vielen Wege auf hartem Untergrund. Gefühlt immer langsamer werdend und jeden Schritt behutsamer setzend, gelange ich auf den Neustadtplatz am Stadtrand.

Trotz der Erschöpfung lasse ich es mir nicht nehmen, über den Topf- und Altmarkt zum Klostermarkt zu laufen und so ein wenig von der Plauener Innenstadt zu sehen. Die Unterkunft befindet sich direkt am Klostermarkt und wird von einem netten asiatischen Pärchen geleitet. Die Zimmer im Dachgeschoss bieten alles was ich nach dieser anstrengenden Tour brauche, vor allem eine Dusche und ein Bett zum Ausstrecken.

Nach zwei Stunden Pause esse ich im Restaurant »zum Lumisch« mit schönem Blick und spaziere noch ein wenig durch die Altstadt. Hier ist deutlich mehr los als in Reichenbach und der Markt sowie die mittelalterlichen Gebäude wurden schön restauriert. Erstaunlich ist, dass auch Plauen – trotz der geringen Einwohnerzahl und hügeligen Lage – über ein kleines Straßenbahnnetz verfügt und dass einige der alten Betriebe trotz der Wirren und Fehler der Wiedervereinigung überlebt haben. Plauen wurde ja überregional bekannt wegen seiner Textilwaren (»Plauener Spitze«).

Plauen im Vogtland – Hof

Start	Hotel am Klostermarkt, Plauen
Ziel	Hotel Strauß, Hof.

Routenlänge — 28,67 km + 7,96 km Regionalzug

Dauer (inkl. Pausen) — 8,5 Stunden

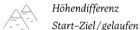

Höhendifferenz — 135 m / 1051 m
Start–Ziel / gelaufen

An-/Abreise — Zug / Zug
mit ÖPNV möglich

ANREISEINFO Plauen liegt auf der Sachsen-Franken-Magistrale von Hof nach Leipzig bzw. Dresden und kann zudem von Gera mit dem Zug erreicht werden. Hof ist von Regensburg und Nürnberg erreichbar.

ORTE AUF DEM WEG Plauen im Vogtland → Straßberg → Kürbitz → Schwand → Schwarzenreuth → Trogen → Feilitzsch → Hof

Nach einem schier endlosen Frühstück, das mir die Gastleute aufgetischt haben, geht es bei grauem Himmel, aber wenigstens ohne Regen los. Ideale Bedingungen für diese abwechslungsreiche Tour. Über den Altmarkt und

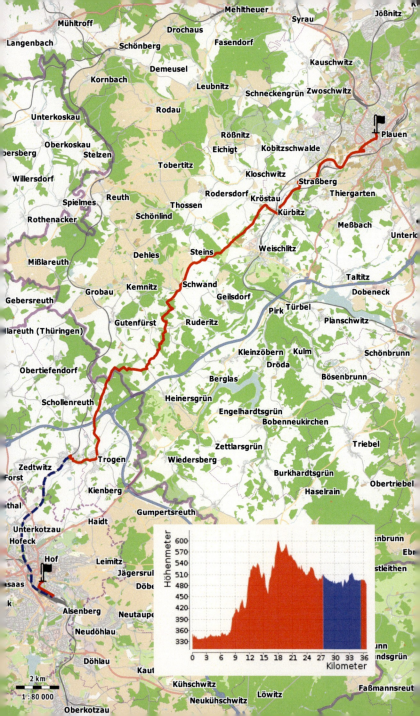

die »Walkgasse« führt mich der Weg (hier wieder die Ja-kobsmuschel) zum Mühlgraben mit den schönen alten Mühlen, die alle restauriert sind und bewohnt werden. Auf der »Böhlerstraße« wechsele ich dann die Flussseite und die Route verläuft weiter hinter einem Industrie-gebiet bis zu dem Punkt, an dem der Mühlgraben von der Weißen Elster abgeleitet wird.

Hier gibt es leider keine Brücke, so dass ich ein Stück zurück bis zur Brücke über die Weiße Elster muss. Nach Querung des Flusses geht es auf der »Holbeinstraße« aus der Stadt hinaus, von einem Gewerbegebiet zum nächs-ten. Zwischendrin wechselt man noch einmal die Ufer-seite und landet schlussendlich auf dem angenehmen Uferweg in Straßberg. Ab hier wird es langsam abwechs-lungsreicher. Ein weiterer Wechsel der Uferseite und der

Alte Mühlen
in Plauen

kleine »Zottnerweg« verläuft über Wiesen zwischen dem Fluss und der Bahnstrecke Plauen–Gera. Federnd laufe ich auf dem feuchten Boden bis Kürbitz, wo sich die Bahnlinien des oberen und unteren Bahnhofs von Plauen vereinen und weiter nach Eger führen.

Über die Bahnstrecke, dann auf dem Kiefergraben bergauf und am Ortsausgang nach Westen auf den Butterweg laufe ich weiter. Dies ist ein Weg genau nach meinem Geschmack: einsam, weicher Untergrund und abwechselnd zwischen Wiesen und Wäldern. Wie der Name schon sagt und wie ich auf einer Infotafel lese, handelt es sich um einen alten Handelsweg, auf dem die Bauern auf Karren ihre Waren nach Plauen gebracht haben. Der weiche Boden ist an manchen Stellen mit Steinen befestigt und darin sieht man noch heute Fahrrinnen für die Pferde- oder Ochsenwagen. Der Weg führt kontinuierlich bergauf, so dass ich nach circa einer Stunde erst 4 km Distanz, aber bereits 200 Höhenmeter seit Kürbitz zurückgelegt habe. So einen starken Anstieg am Stück hatte ich bisher noch an keinem Tag. Ich bin deshalb nach den inzwischen insgesamt 12 km seit Plauen etwas geschlaucht. Scheinbar hat ein Wanderfreund dieselbe Erfahrung gemacht und deshalb genau am höchsten Punkt eine kleine Bank aufgestellt.

Wieder ausgeruht laufe ich auf der schmalen Verbindungsstraße in das kleine Dorf Schwand, das auf der Hügelkuppe liegt und einen schönen Blick in das Elstertal bietet. Kurz dahinter führt ein weiterer Feldweg wieder in den Wald und an einer alten Mühle vorbei – immer weiter bergauf! Kurz bevor der Weg an einer Staatsstraße endet, komme ich an der Burgruine Burgstein vorbei. Auf der anderen Straßenseite liegt ein kleiner Wanderparkplatz mit zahlreichen Infotafeln zu den Wandermöglichkeiten im Burgsteingebiet. Es ist also lohnend, in dieser Region mehrere Tage zu bleiben und schöne Tagesausflüge zu unternehmen. Das kleine Bushäuschen beim Parkplatz bietet sich spontan für eine Brotzeit an, bevor ich die letzten 10 km Weg in Angriff nehme.

Mir fällt das kleine Grundstück direkt am Hang auf. Es ist ein kleiner Waldgarten mit einer Hütte, vor der – just in dem Moment, als ich vorbeikomme – eine Familie sitzt und ihren freien Tag mit Blick über das ganze Tal genießen kann. Für mich geht es weiter bergauf zum höchsten Punkt dieses Tages mit knapp 600 m ü. NN. Hier gibt es einen kleinen Aussichtspunkt und ich genieße noch einmal die herrliche Aussicht über die Täler.

Bergab führt der Weg an einem Weiler vorbei und über Felder bis zur nächsten kleinen Verbindungsstraße. Ein interessantes Detail fällt mir auf. Selbst das kleinste Haus an der abgelegensten Straße verfügt über eine Telefonleitung, aber der Mobilfunk existiert in Teilen nicht. Nach Querung der Straße geht es auf der anderen Seite auf einem breiten Feldweg weiter.

Dieser Weg biegt hier nach links ab und verläuft als Teil des Jakobsweges weiter über Heinersgrün und in einer langgezogenen Schleife nach Trogen. Ich entscheide mich dagegen und laufe rechts auf einem kleinen Pfad an einem Weiher vorbei durch Felder. Und auf einmal stehe ich mitten im Grünen Band. Der Plattenweg und ein kleiner Graben zeugen noch von der ehemaligen deutsch-deutschen Grenze. Ich kenne zwar die Mauer in Berlin, aber hier auf dem Land wirkt es auf mich noch irrsinniger, eine todbringende Grenze zu ziehen und scharf zu kontrollieren. Der ehemalige deutsch-deutsch-tschechische Grenzpunkt ist von hier nicht mehr als 20 km entfernt, trotzdem führt die Plattenstraße scheinbar ins

Nirgendwo. Während ich die knapp 1,5 km auf dem Weg entlanglaufe, nehme ich mir vor, irgendwann das Grüne Band gezielt zu besuchen. Bei diesem Gedanken stehe ich auf einmal in Bayern und nichts weist darauf hin.

An dem kleinen Hof Föhrig vorbei folge ich nun wieder einem längeren Asphaltabschnitt an der Straße nach Trogen. Landschaftlich ist es sehr reizvoll, aber es wird zunehmend lauter durch die Autobahn, die nach der Wende wie eine Schneise in die Landschaft getrieben wurde. Ein kleiner Anstieg nach Querung der Autobahn und ich sehe Trogen zwischen den Feldern auftauchen. Das Dorf liegt ruhig und menschenleer da, und ich frage mich, ob das immer so war oder ob es zu Zeiten der Mauer betriebsamer war. Leider gibt es niemanden, den ich fragen könnte. Ich laufe weiter nach Feilitzsch. Von dort möchte ich den nach Hof nehmen. In Feilitzsch komme ich an der Feuerwehr vorbei auf einem kleinen unscheinbaren Weg zwischen zwei Häusern zur Haltestelle und muss so nicht über die Hauptstraße gehen. Wer möchte kann aber auch von Trogen die knapp 8 km

Kolonnenweg am grünen Band

über Kienberg und Haidt nach Hof laufen. Ich will nach 27,5 km bergauf und bergab aber nicht noch weitere 8 km auf Asphalt zurücklegen müssen.

Der Zug braucht gut 10 Minuten und in Hof angekommen, geht es noch einmal 1,5 km vom Bahnhof zur Unterkunft, dem Gästehaus des Hotel Strauß. Auch wenn es aussieht, wie ein Motel im Westen der USA, habe ich alles, was ich brauche, um mich nach der anstrengenden Hügeltour zu regenerieren. Insgesamt empfand ich diese Route als eine der Schönsten der Tour, weil die Wege abwechslungsreich waren und kaum an Straßen entlang liefen.

Zum Essen suche ich mir die »altdeutsche Bierstube« aus. Ein kleiner Gasthof mit guter regionaler, fränkischer Küche und netten Wirtsleuten. Interessanterweise sprechen hier alle fränkisch und auch die Küche ist fränkisch geprägt. Die mauerbewehrte Grenze hat dazu geführt, dass in den beiden Regionen, die eigentlich nur 10 km voneinander entfernt liegen, sprachlich und kulinarisch keine Vermischung stattfinden konnte.

TAG 14

Hof – Weißenstadt

 Start   Hotel Strauß, Hof
Ziel   Hotel zum Waldstein, Weißenstadt

 Routenlänge   31,01 km

 Dauer (inkl. Pausen)   8,5 Stunden

 Höhendifferenz   143 m / 1045 m
Start–Ziel / gelaufen

 An-/Abreise   Zug / Bus
mit ÖPNV möglich

ANREISEINFO Hof ist von Regensburg und Nürnberg bzw. über die Sachsen-Franken-Magistrale von Leipzig erreichbar. Nach Weißenstadt gelangt man nur mit dem Regionalbus von Münchberg oder Wunsiedel/Marktleuthen.

ORTE AUF DEM WEG Hof → Oberkotzau → Schwingen → Schwarzenbach/Martinlamitz → Hallerstein → Weißenstadt

Schon am Morgen fällt mir der andere Umgang mit Corona in Bayern auf. Es wird pingelig darauf achtgegeben, dass immer ein Tisch zwischen zwei besetzten Tischen freigehalten wird. Zudem musste ich am Vortag ankreuzen, was ich frühstücken möchte und bekomme das jetzt

portioniert und in Folie eingewickelt an den Tisch. Zuerst denke ich, dass das lediglich an dem Hygienekonzept der Unterkunft liegt. Schnell wird mir aber klar, dass in ganz Bayern deutlich strikter mit der Situation umgegangen wird als an meinen bisherigen Stationen. Das ist wohl u. a. der Tatsache geschuldet, dass Bayern lange Zeit mit am Schwersten von dem Virus betroffen war.

Auch die heutige Route ist wieder stark von Anstiegen geprägt, schließlich befinde ich mich am Rand des Fichtelgebirges. Bei nicht wirklich warmen 9°C und Dauer-(Niesel-)Regen geht es aus Hof los über die Saale und entlang der »Ascherstraße« immer südwärts. Zwar gibt es einen separaten Fußgänger- und Radweg, aber die 4 km neben der vielbefahrenen Straße im Regen lassen nicht unbedingt die beste Laune aufkommen. Bei Neudöhlau zweigt dann der Weg, der auf diesem Abschnitt den Namen des Schriftstellers Jean-Paul trägt, von der Straße ab und verläuft zwischen Saale und der Bahnstrecke nach Regensburg/Bayreuth über Wiesen. Trotz des schlechten Wetters ist es hier landschaftlich sehr schön, fast schon malerisch und es hebt die Stimmung, neben den Saaleauen auf saftigen Wiesen und zwischen alten Bäumen hindurch zu laufen. Die Bahnstrecke stört kaum.

So vergehen die 8 km bis Oberkotzau fast wie im Flug und schon gilt es die Seite der Bahntrasse zu wechseln, um auf dem abzweigenden Streckenast östlich in Richtung Wunsiedel weiterzulaufen. Auf der anderen Seite der Gleise verläuft der Jean-Paul-Weg hinter Wohnhäusern idyllisch durch den Wald und stößt erst nach weiteren 2 km aus dem Wald auf Felder mit vier einsam vor sich hindrehenden Windrädern. Kurz darauf muss der Streckenast nach Wunsiedel wieder auf einer Straße

überquert werden und es folgt ein längerer Wegab-
schnitt über einen Feldweg zum Dorf Schwingen. Ab
hier ist leider für weitere 3 km Asphaltstraße angesagt,
die erst durch Felder, dann durch ein Gewerbegebiet
und schließlich an Häusern vorbei nach Martinlamitz
führt. Den Haltepunkt hinter mir lassend, gehe ich auf
der Straße bis zu der kleinen Brücke, die mich nun zum
vierten Mal über die Bahntrasse führt.

Außer mir ist niemand auf der Straße, was allerdings
nicht nur an dem schlechten Wetter liegen dürfte.
Langsam ansteigend führt mich der Versorgungsweg an
dem kleinen Hof Gut Holzfeld über die Landstraße bei
einem Umspannwerk endlich wieder in den Wald. Die
Bäume bieten zwar etwas Schutz vor dem Regen, dennoch wird es nicht wärmer und ich bin froh um meine
Regenhose – die Schuhe sind aber schon feucht. Dieser
Umstand macht das Ganze recht anstrengend. Inzwischen bin ich auf 550 m ü. NN angekommen und es gilt,
das letzte Straßenstück zwischen dem Weiler »Mittel-
schieda« und dem Dorf Hallerstein zu bewältigen.

Regentag im Fichtelgebirge

Da Asphalt sowieso immer unangenehmer zu laufen ist als weiche Pfade, kommt es mir jetzt mit den mittlerweile nassen Schuhen noch schlimmer vor. Diese Route wird meine Feuertaufe sein, denke ich mir. Abgesehen davon gäbe es auch keine andere Möglichkeit, um von hier nach Weißenstadt zu kommen.

Südöstlich von Hallerstein nehme ich also den Aufstieg in Angriff und laufe auf einem schönen Waldweg mit unzähligen Pilzen am Wegesrand immer tiefer in den Wald hinein. Der Weg mündet in eine größere Waldstraße und auf dieser geht es im Zickzack auf wechselnden Pfaden über 150 Meter weiter hinauf, bis ich auf dem Südgrenzzweg ankomme, der von Osten nach Westen über den Hügelkamm verläuft. Alles an mir tropft und trieft inzwischen. Der Poncho und die Regenhose halten zwar größtenteils dicht, darunter ist alles ziemlich klamm und zudem kann ich auf den mittlerweile über 750 m ü. NN meinen Atem sehen. Es hört nicht auf zu regnen und es ist keine überdachte Ruhebank oder Ähnliches in Aussicht, deshalb esse ich meine Brotzeit im Gehen.

Pilzparadies am Wegesrand

Weit und breit ist keine Menschenseele zu sehen und ich kann jetzt nachvollziehen, warum Menschen früher Angst vor dem Wald hatten, vor allem in der Dunkelheit. Die Navigation mit dem Handy gestaltet sich auch schwierig. Ich habe zum Glück eine Offline-Karte, aber das Touchdisplay spinnt wegen der Wassertropfen, die beim Kartenstudium darauf fallen. Zudem ähneln sich die Wege.

Schlussendlich merke ich mir die Route für die nächsten 5 km (zum Glück auf großen Pfaden) und setze meinen Weg zunächst auf dem Südgrenzweg und nach Querung der Landstraße auf dem Lamitzlohweg weiter bergauf fort. Immer wieder sehe ich Routenschilder für Loipen und bin überzeugt dass es schön sein muss, im Winter auf Schnee durch die Wälder zu fahren. Nach mehr als 3 Stunden Gehzeit und über 10 km Strecke seit Martinlamitz erreiche ich den »Lamitzbrunnen«, den höchsten Punkt der Tour auf 815 m ü. NN.

Eigentlich habe ich einen guten Orientierungssinn, aber bei dem Wetter und den Wegen, die alle gleich aussehen, habe ich jedes Gefühl für die Himmelsrichtungen verloren. Obwohl ich es nicht mag und bisher auch nicht gebraucht habe, bin ich jetzt doch froh über die GPS-Ortung auf meinem Telefon, um damit den richtigen Abzweig nach Weißenstadt zu finden. Es gibt zwar Schilder, aber die führen entgegen meiner Planung direkt hinunter vom Hügelkamm und von dort – dummerweise – entlang der Straße nach Weißenstadt. Ich möchte aber solange wie möglich im Wald und auf den deutlich angenehmeren Wegen laufen. Meine Schuhe fühlen sich an wie kleine Schwimmbecken, die ich mit mir herumtrage, und bei jedem Auftreten schmatzt es leise, aber deutlich, wenn das überschüssige Wasser aus dem komplett durchnässten Schuh gedrückt wird. Zum Glück habe ich dicke Socken an, die meine – jetzt sicher schon komplett – verschrumpelten Füße ein wenig vor weiterer Kälte schützen. Jetzt gilt es nur noch, irgendwie weiterzustapfen und lange Pause zu vermeiden, um nicht total auszukühlen.

Über die Gebhardtquelle starte ich den Abstieg, der durch die feuchten Schuhe und das Rutschen der Füße darin entsprechend anspruchsvoller wird. Nach weiteren kleinen Pfadewechseln gelange ich direkt neben dem Lehstenbach zum Dorf Zigeunermühle. Der Waldweg endet am Naturfreundehaus Zigeunermühle. Von drinnen schauen mich ungläubige Gesichter mit großen Augen an, als ich pitschnass im langsam dunkler werdenden Nachmittag aus dem Wald auftauche. Das nehme ich allerdings nur am Rande wahr. Ich bin jetzt im Automodus und laufe mechanisch weiter ins Dorf. Auf der Straße vom Dorf nach Weißenstadt geht es weiter über Felder und schlussendlich auf einem weiteren Feldweg bis zu einer Gärtnerei am Ortseingang von Weißenstadt. Würde es nicht so stark regnen, wäre die Landschaft hier bestimmt sehr schön und würde zu zahlreichen Ausflügen einladen. So möchte ich aber nur noch rein ins Warme.

Auf der Hauptstraße (»Kirchenlamitzer Straße«) laufe ich in die Stadt und zu meiner Unterkunft. Die verhältnismäßig jungen Gastgeber betreiben auch ein Balkanrestaurant im Erdgeschoss. Deswegen hätte ich sie beinahe nicht gefunden. Ich weiß nicht, wie lange es her ist, dass ich mich über eine warme Dusche so gefreut habe, wie jetzt. Im Zimmer angekommen, gilt es erst einmal aus den nassen Sachen herauszukommen und ausführlich zu duschen. Zum Glück funktioniert die Heizung. So kann ich meine nassen Schuhe, Socken und die Hose zum Trocknen aufhängen. Ich habe für alles – außer Hose und Schuhe – Ersatz dabei, der glücklicherweise trocken geblieben ist. Zum Abendessen im nahegelegenen italienischen Restaurant Siebenstern muss ich also leider noch einmal in die nassen Schuhe. Nach dem Essen gehe ich sogar noch eine kurze Runde durch den Ort, der komplett auf Tourismus ausgerichtet ist und tatsächlich in Sachen Freizeit viel bieten kann: Wassersport auf dem See, Wandern, Langlaufen und anderes mehr.

EXKURS Als ich in Weißenstadt war, hätte ich gerne ein Paar Ersatzschuhe dabei gehabt. Im Nachhinein muss ich allerdings gestehen, dass es gut war, mir die zusätzlichen Gramm gespart zu haben. Es ist sehr unangenehm, wenn man in nasse Schuhe steigen muss, aber da ich insgesamt mehr schöne Tage als Regentage hatte, hätte mich das Zusatzgewicht tatsächlich arg gestört; gerade auf den überlangen Tagesrouten. Letztendlich muss diese Entscheidung aber jeder für sich selbst treffen.

TAG 15

Weißenstadt – Neusorg

Start	Hotel zum Waldstein, Weißenstadt
Ziel	Hotel Sonnental, Neusorg.

Routenlänge 26,17 km

Dauer (inkl. Pausen) 7 Stunden

Höhendifferenz -52 m / 1390 m
Start–Ziel / gelaufen

An-/Abreise Bus / Zug
mit ÖPNV möglich

ANREISEINFO Nach Weißenstadt gelangt man nur mit dem Regionalbus von Münchberg oder Wunsiedel/Markt-leuthen. Neusorg liegt an der Bahnstrecke von Nürnberg nach Eger (Cheb).

ORTE AUF DEM WEG Weißenstadt → Nagel → Grünlas → Ebnath → Neusorg

Regeneriert und mit trockenen Sachen laufe ich nach einem – wieder sehr reichhaltigen – Frühstück los zum höchsten Punkt der ganzen Wanderung. Vom Hotel aus geht es über den winzigen Marktplatz den kleinen Hügel hinab und auf der Bundesstraße (»Bayreuther Straße«)

in die Randsiedlung rund um die »Schönlinder Straße«. Es fällt mir auf, dass man hier – im Gegensatz zu den kleinen Orten in Sachsen – komplett auf das Auto angewiesen ist: Die Busse fahren sehr unregelmäßig und orientieren sich an den Schulzeiten.

Kurz hinter der Siedlung folgt man dem Schild zu den »3 Brüdern« und läuft wieder in den Wald hinein. Zum Glück hat der Dauerregen vorerst auch aufgehört. Dafür sind es nur 5°C und ich bin froh darüber meine Pullis vor 1,5 Wochen, als es 30°C hatte, nicht zurückgeschickt zu haben.

Der Waldweg steigt stetig an. Nach ca. 3 km biegt ein kleiner Pfad zu den 3 Brüdern ab, dem ich folge. Es geht hoch auf ca. 840 m ü. NN und die 3 Brüder entpuppen

Waldweg
zu den
»3 Brüdern«

sich als 3 massige Felsbrocken. Informationstafeln weisen darauf hin, dass hier früher in mühevoller Handarbeit Zinn aus den Gesteinsbrocken herausgeschmolzen und dann ins Tal gebracht wurde (in dem damals zu diesem Zweck noch eine Eisenbahn fuhr). Ein paar hundert Meter weiter auf dem Rudolfsattel hat man dann die Qual der Wahl, wie man weitergehen möchte. Für alle Gipfelstürmer bietet sich an, den 1051 Meter hohen Schneeberg zu erklimmen, den höchsten Punkt im Fichtelgebirge. Alternativ kann man absteigen und über Vordorf und Tröstau im Tal nach Neusorg laufen.

Ich entscheide mich für die 3. Alternative und laufe auf dem Höhenweg zum Gipfel »Platte« und von dort über Nagel nach Neusorg. Gesagt getan! Der Waldweg schlängelt sich in vielen Kurven die Hügel hoch und runter, bis auf den höchsten Punkt 909 m ü. NN . Ab und an glucksen kleine Bächlein, die hier entspringen, über die Waldwege. Weit und breit ist keine Menschenseele zu sehen und zusammen mit der gestrigen Route ist dieser Weg bisher der einzige, der fernab großer Straßen und Siedlungen so richtig in der Natur verläuft. Der Vogelgesang tut sein Übriges, in die eigene Gefühlswelt abzutauchen und gedankenverloren auf den Wegen vor sich hinzutraben. Nach fast 9 km intensiven Waldbadens zweigt ein kleiner Trampelpfad zum Gipfel »Platte« auf 885 m ü. NN ab. Hier oben genieße ich den Ausblick und mache die erste kleine Brotzeit.

Die Kälte hält mich allerdings davon ab, allzu lange zu verweilen. Nach zwanzig Minuten trete ich schon wieder den Abstieg Richtung Nagel an. Auf einem schönen, schmalen Trampelpfad, über Wurzeln und an etlichen Pilzen vorbei, die bei dem feucht-kalten Wetter nur so sprießen, geht es in kleinen Serpentinen hinab zum

Parkplatz an der Landstraße zwischen Tröstau und Fichtelberg.

Hinter dem Gasthof »Silberhaus« verlaufen verschiedene Wander- und Radwege. Hier gibt es leider auch deutlich mehr Verkehr. Ich folge dem Weg zur Girgelhöhle, einer Felshöhle, die ehemals zu Preußen gehörte und in die sich der Geschichte zufolge ein Flüchtiger aus der bayrischen Stadt Nagel versteckte. Nachdem er der Legende nach aus Eifersucht einen bayrischen Gendarm erschlagen hatte, war die Girgelhöhle für sieben Jahre sein Versteck, bevor er verraten wurde.

An der Höhle vorbei geht es auf dem Feldweg weiter nach Osten und dann scharf rechts 120 m hinab zum Nageler See. Direkt am See steht eine schöne Parkbank, die zum Ausruhen nach den bisher knapp 18 km einlädt. Nachdem ich meine Brotzeit und zwei Haferriegel verputzt habe, genieße ich die Ruhe und schöne Kulisse.

Die finalen 8 km führen mich nun auf einem Teil des »Main-Donau-Weges« (blau weißes M/D-Schild) an der Uferseite entlang und nach dem Ort Nagel wieder in den Wald. Auf einem kleinen Weg geht es neben dem Bach Gregnitz zur Grünlasmühle und von dort weiter nach Ebnath. Der verschlungene Pfad versetzt mich in die Welt der Grimm'schen-Märchen. Ich bin wieder der einzige Wanderer, der in dieser schönen Region unterwegs ist. Ich führe es auf die späte Jahreszeit zurück, aber meine späteren Gastgeber erzählen mir, dass die Gegend eigentlich schon touristisch erschlossen, aber eben nicht so überlaufen sei wie z. B. die Alpen. Ich empfinde es als sehr wohltuend und nehme das Fichtelgebirge gedanklich in meine Liste für schöne Wanderregionen auf.

In Ebnath angekommen, zweige ich vom »Main-Donau-Weg« ab und laufe auf dem neu gebauten Fußgängerweg

Gregnitz hinter Nagel

quer durch den Ort zum östlichen Ortsausgang. Leider gibt es hier keine Unterkunft, so dass ich noch einmal 3 km weiter bis Neusorg laufe. Zunächst wollte ich unten entlang der Landstraße laufen, entscheide mich jetzt spontan aber doch dafür, über die Hügelkuppe zu gehen und steige die knapp 80 Höhenmeter nach Hölzlashof hinauf. Entgegen dem Namen ist es eine Wohnsiedlung und kein Einsiedlerhof. Der Feldweg führt in einer kleinen Schneise weiter nach oben, um dann kurz nach der Kuppe in einem Waldgebiet zu verschwinden.

Ich suche mir den schmalsten Pfad aus, den ich finden kann und laufe zwischen vielen Pilzen und an einer eingezäunten Trinkwassergewinnungszone zur Hütte des Versorgungswerks. Dieser Pfad ist komplett überwuchert, der Boden moosig und er federt deshalb jeden Schritt sehr angenehm ab. Von der Hütte geht es auf einem breiteren Forstweg in den Ort und von dort ins Hotel Sonnental, das Einzige weit und breit. Ich schlafe im Gästehaus und muss hinnehmen, dass die Unterkunft zwar auf Outdoor-Gäste eingerichtet ist, nur die Hotelküche leider sonntagabends geschlossen hat. Das ist sehr ungünstig, weil in dem 2000-Seelen-Ort auch keine anderen Restaurants existieren.

Nach einer ausgedehnten Ruhepause mache ich mich daher zum Kegelclub auf. Dort – hieß es – gäbe es auch etwas zu essen. Und tatsächlich bietet der Wirt selbstgemachte Pizza aus dem Pizzaofen an. Gekegelt wird hier zwar nicht mehr, dafür sitzen Herrengruppen zusammen und spielen Schafkopf (die bayrische Variante von Doppelkopf). Der Spieleabend ist garniert mit den feinsten fränkischen Kartenspielersprüchen, wie: »Da kommen die Geräde« oder »Was mer höm, höm mer .

Alles in allem also ein schöner Abschluss dieser sehr natur-, und insbesondere, waldgeprägten Tagestour. Wenn die Anreise aus den Metropolen nicht so kompliziert wäre, würde ich die Region jedem als Wochenendausflug empfehlen. Schön ist auf jeden Fall, dass bei der heutigen Tour wenig los war. So bleibt die Etappe als besonderer Ausflug in Erinnerung.

TAG 16

Neusorg – Pressath

Start   Hotel Sonnental, Neusorg
Ziel   Landgasthof Kahrmühle, Pressath

Routenlänge   28,35 km

Dauer (inkl. Pausen)   7,5 Stunden

Höhendifferenz   -148 m / 1364 m
Start–Ziel / gelaufen

An-/Abreise   Zug / Zug
mit ÖPNV möglich

ANREISEINFO Neusorg liegt an der Bahnstrecke von Nürnberg nach Eger (Cheb). Pressath liegt unweit vom Truppenübungsplatz Grafenwöhr und an der Bahnstrecke Bayreuth–Weiden.

ORTE AUF DEM WEG Neusorg → Wernersreuth → Wünschenberg → Erdenweis → Godas → Waldeck → Prinzenhof → Pressath

Ein Frühstück bekomme ich zum Glück im Hotelrestaurant – wieder mit den bayrischen Sondervorgaben zu Abstand und Verpackung. Nachdem Neusorg sozusagen nur der Übernachtungsplatz war und nicht auf meiner

Route liegt, muss ich wieder ein Stück zurückzugehen. Auf dem Weg, den ich gestern in den Ort gelaufen bin, laufe ich jetzt in entgegengesetzter Richtung bis zu dem Punkt, an dem die Bundesstraße überquert werden kann. Von dort laufe ich über die kleine Brücke über die Fichtelnaab und kann ab dort wieder den Schildern des »Main-Donau-Weges« folgen. Die Naab, hier der Zufluss Fichtelnaab, wird mich noch einige Tage begleiten: sie vereinigt sich dann mit der Haide- und der Waldnaab zur Naab und fließt bei Regensburg in die Donau. Ein späterer Abschnitt meiner Tour verläuft auf dem »Naab-Vils-Weg« und ich finde es interessant zu erleben, wie dieser Bach über den ich gerade laufe, am Ende zu einem breiten Fluss angeschwollen ist.

Zurück zur Tour: Den »Main-Donau-Weg«-Schildern folgend laufe ich wieder in den Wald. Durch die Temperaturunterschiede und den Regen der Vortage entsteht eine mystische Stimmung: Wasserdampf, der in der Sonne aufsteigt und leichter Morgennebel, der die Füße der Bäume umwabert. Hinter dem Waldstück liegt der kleine Weiler »Wernersreuth« und nach einem Wegstück übers Feld passiere ich die Bahnstrecke von Neusorg nach Bayreuth und trete den Aufstieg nach Erdenweis über das Hofgelände von Wunschenberg an. Hier sind die Feldwege fest gestampft, aber inzwischen sind meine Füße schon so eingelaufen und damit abgestumpft, dass ich trotz des Umwegs beschließe, bei Erdenweis noch auf den Kapellberg von Armesberg hinaufzusteigen. Die zusätzlichen knapp 100 Höhenmeter bis zur Wallfahrtskirche lohnen sich allerdings nicht wirklich. Die Heiligen stehen aufgereiht um die Kapelle und die Aussicht ist durch Bäume eingeschränkt.

Also laufe ich auf der anderen Seite die lange Treppe

hinab bis zur Straße nach Godas. Hier ist die Aussicht auf die umliegenden Hügel ungetrübt und durch den fehlenden Verkehr ist es auch total ruhig. Ich beschließe noch das Stück durch Godas und über den Hügel in Richtung Kuhberg bis zum Beginn des Waldes hinauf zu laufen. Oben angekommen bietet sich eine Parkbank für eine Ruhepause an, inklusive eines schönen Blickes zurück in die eben durchwanderte Landschaft.

Wieder einsatzbereit, entscheide ich mich für den Abzweig am Waldrand nach rechts und habe Glück, auf einem echten Waldweg, d. h. auf lockerem Boden nach Waldeck, zu laufen. Eine nette Kulisse bietet sich zudem, da aufgrund des feucht-kalten Klimas ein wahres Pilz- und Mooswunderland in den unterschiedlichsten Formen und Farben entstanden ist. Über Wurzeln und Abschnitte mit deutlichen Ausspülungen gelange ich die 150 Höhenmeter hinab nach Waldeck, einen netten kleinen Ort zwischen Kemnath und Erbendorf.

Beim Blick auf den Wegweiser stockt mir kurz der Atem! Die Strecke nach Pressath ist mit über 30 km an-

Aussicht bei Erdenweis

gegeben, ich bin aber schon über 12 km gelaufen! Kurz überlege ich, mit dem Bus ein Stück nach Erbendorf zu fahren und von dort weiter zu laufen, verwerfe den Gedanken aber wieder. Statt – wie geplant – dem »Main-Donau-Weg« zu folgen, disponiere ich spontan um und entscheide mich dazu, ab Waldeck auf eigene Faust durch den Wald und nicht über Hessenreuth zu laufen. Meine Offline-Karte hat zum Glück Waldwege verzeichnet, so dass ich mich gut orientieren kann.

Um den Schloßberg von Waldeck herum – wer möchte kann natürlich auch oben drüber – folge ich der gelben Wegmarkierung weitere 100 Meter hinab nach Prinzenhof und zwischen den Fischzuchtteichen hindurch wieder in den Wald. Der »Main-Donau-Weg« verläuft hier in den kleinen Ort Atzmannsberg, ich laufe aber tiefer in den stark durch Forstwirtschaft geprägten Wald hinein. Die Wege sind breit und hart. Dem steten Rascheln im Unterholz nach zu urteilen, scheint es Leben im Wald zu geben, so dass ich nicht ganz alleine bin. Nach ca. 4 km gelange ich auf eine kleine Straße zu einer Einödhofanlage. Und hier ist auf einmal viel los! 6 Leute nehmen Vermessungen vor, laufen hektisch durch die Gegend und rufen sich gegenseitig mir unverständliche Codewörter zu. Eine nette Abwechslung nach den Stunden des Alleinseins.

Dennoch bin ich froh, hinter dem Hof wieder in den Wald abzutauchen, zumal das Wetter wieder schlechter wird. Hier gleichen die Wege riesigen Schneisen. An manchen Stellen ist der Waldbestand infolge des Baumsterbens schon sehr ausgedünnt, aber die Lage ist noch nicht so kritisch wie in Brandenburg. Ewig lang anmutenden Wegen folgend geht es geradeaus, an einem kleinen Feuchtbiotop vorbei in mehreren kleinen Kehren in Richtung Kohlbach. Hätte ich meine Karte nicht, ich hätte bei all den gleich aussehenden Wegen schon längst die Orientierung verloren. Schilder gibt es auch keine, die ausgeschilderten Wanderwege verlaufen allesamt weiter östlich bei Hessenreuth. Ich schaffe es aber dennoch, nach weiteren 5 km den richtigen Abzweig auf den kleinen Pfad zu finden, der mich wieder südwärts führt. Dieser Weg ist zum Abschluss des langen Waldabschnitts noch einmal sehr idyllisch: Ich stoße auf eine kleine Blindschleiche am Wegesrand und erfreue mich am Kohlbach, der mitten über den Weg plätschert.

Der Weg endet abrupt an der Bundesstraße und führt nach der Überquerung wieder zwischen Fischzuchtteichen hindurch zu einer hügeligen Feldlandschaft.

Blindschleiche im Hessenreuther Forst

Nach einem kurzen Anstieg erreiche ich das nördliche Ende Pressaths und gelange – wieder leicht bergab gehend – ins Zentrum. Die Unterkunft »Kahrmühle« befindet sich am anderen Ende des Ortes, so dass bis dorthin noch ca. 2 km durch die Stadt zu bewältigen sind. Insgesamt wirkt Pressath angestaubt, durch den nahen Truppenübungsplatz ist aber erstaunlich viel Betrieb. Der Bahnhof, den es auf dem Weg zur Mühle zu queren gilt, wirkt auch wie aus dem vorletzten Jahrhundert stehen geblieben und wird von einem Schienenbus stündlich bedient. Durch die »Kahrmühlstraße« gelange ich wieder auf Felder mit Ziegen und Pferden und zum Landgasthof, der malerisch auf einer kleinen Insel zwischen zwei Armen der Haidenaab liegt. Das Hotel ist in rustikalem Stil eingerichtet und auf Naturtouristen ideal eingestellt. Nach dem langen Fußmarsch bin ich froh, nach meiner zur Routine gewordenen Ruhepause nicht noch einmal in den Ort laufen zu müssen, sondern direkt in der Gaststube gute regionale Küche (fleischlastig) vorgesetzt zu bekommen. Die Gastgeber kochen – wohlgemerkt – selbst und erzählen gerne von regionalen Besonderheiten und geben Tipps für Ausflugsmöglichkeiten.

Pressath – Weiden in der Oberpfalz

Start Landgasthof Kahrmühle, Pressath
Ziel Gasthof Dagner, Weiden

Routenlänge 25,02 km

Dauer (inkl. Pausen) 6,5 Stunden

Höhendifferenz -28 m / 505 m
Start–Ziel / gelaufen

An-/Abreise Zug / Zug
mit ÖPNV möglich

ANREISEINFO Pressath liegt unweit vom Truppenübungsplatz Grafenwöhr und an der Bahnstrecke Bayreuth–Weiden. Weiden ist von Nürnberg und Regensburg mit der Regionalbahn erreichbar.

ORTE AUF DEM WEG Pressath → Troschelhammer → Dießfurt → Schwarzenbach → Weiden

Mein ursprünglicher Plan war eigentlich von Pressath nach Weiherhammer auf dem »Main-Donau-Weg« zu laufen. Leider habe ich dort keine Unterkunft bekommen, so dass ich nach Weiden ausweichen musste. Die Stadt ist keine schlechte Wahl, denn sie hat eine schöne Altstadt.

Es geht also nach dem Frühstück, bei dem auch einige ausländische Militärs (in zivil) anwesend sind, auf dem Feldweg südlich des Gasthofs nach Osten. Die heutige Route ist geprägt von der Haidenaab. Der Name ist Programm! Zwischen der mäandernden Haidenaab geht es über Feld- und Wiesenwege, die gesäumt sind von kleinen Hecken oder Waldstückchen. Insgesamt sehr schön, vor allem morgens, wenn es noch kühl und leicht neblig ist. Hinter dem Dorf Troschelhammer kreuzt der Weg mehrfach die Haidenaab bevor die Route auf der Höhe von Dießfurt langsam weg vom Fluss und über den Schwarzenbach in den gleichnamigen Ort führt. Obwohl viel kleiner als Pressath, erscheint Schwarzenbach prosperierender. Überall werden neue Eigenheime gebaut, es gibt sogar einen Öko-Supermarkt im Ort, eher ungewöhnlich für Orte dieser Größe. Obwohl es einen Haltepunkt des Schienenbusses gibt, ist das Auto das Verkehrsmittel der 1. Wahl.

Durch Straßen mit Vogelnamen geht es östlich aus dem Ort hinaus in das große Waldgebiet »Manteler Forst«. Die Wege sind anfangs noch schön schmal und drumherum gibt es so viele Pilze zu betrachten und unterscheiden, dass man fast nicht merkt, knapp 100 Höhenmeter hinauf gelaufen zu sein. Auf der Kuppe kreuzt man die Straße nach Parkstein und befindet sich dann schnell in einem stark forstwirtschaftlich geprägten Waldgebiet. Hier gibt es keine kleinen Pfade, sondern straßenartige Schneisen, auf denen LKW fahren können. Diese Waldstraßen sind zudem mittig nach oben gewölbt, so dass das Wasser rechts und links abfließen kann und der Weg nicht aufweicht. Und als wäre das nicht schon absurd genug in diesem produktionsorientierten Nutzwald, fährt auch noch ein Traktor mit

Schaufel die Wege entlang, um sie im immer gleichen Zustand zu halten. Fehlt eigentlich nur noch der Asphalt. Nicht verwunderlich also, dass der Wald entsprechend monokulturtechnisch geprägt ist, mit den für Fichten- und Kiefernwälder inzwischen typischen Schäden. An der Schneise mit der Überlandleitung bietet sich eine kleine Pause an.

Kurz darauf wird die Route zum Glück ein wenig abwechslungsreicher. Allein dadurch, dass links vom Weg ein kleines Sumpfgebiet liegt, wird die Atmosphäre gleich viel angenehmer. In dem Sumpf verläuft, auch wenn nicht gut zu erkennen, die Schweinnaab. Nun also schon die dritte Naab, die ich kennenlerne und einer der vielen Zuflussbäche der Waldnaab bzw. späteren Naab. Mit jedem Kilometer weiter in Richtung Weiden wird die Gegend auch belebter und es begegnen mir vermehrt Fahrradfahrer und Jogger. Interessanterweise scheinen die Menschen in Dörfern und kleinen Orten nicht zu joggen, zumindest habe ich Jogger immer nur in der Nähe von Städten gesehen!

6 km vom Stadtzentrum entfernt endet die Waldstraße unvermittelt bei einer ehemaligen Deponie; ab jetzt ist Laufen auf Asphalt angesagt. Für mich eine echte Herausforderung, da mein Ruhetag einige Zeit her ist und die bisherige Route zwar überwiegend flach, aber auf hartem Grund verlief. Es geht also mit immer stärker schmerzenden Füßen hinter der Deponie entlang, am Tierheim vorbei und über die Autobahn in die Weidener Innenstadt. Die Strecke zieht sich ein wenig. Ich bin daher froh, als ich am Markt in Weiden ankomme und in einer der vielen Gastwirtschaften einen verspäteten Mittagssnack zu mir nehmen kann. Der Markt ist schön hergerichtet, es gibt ein kleines Glockenspiel in der Fußgängerzone und erstaunlich viel Betrieb nach den bisher nahezu ausgestorbenen Ortskernen der Dörfer.

Frischgestärkt drehe ich noch eine Runde durch die Altstadt und die historischen Stadttore, an denen wilder Wein in herbstrot leuchtet. Es macht Spaß, hier entlang zu flanieren. Ich habe Glück, dass es warm ist und die vielen Cafés zahlreiche Besucher anziehen. Es gibt auch eine Hochschule in Weiden und damit recht viele junge Leute. Dieser Umstand verstärkt den positiven Eindruck.

Aus der Innenstadt gehe ich in Richtung Unterkunft auf der anderen Seite der Stadt und bin echt überrascht! Hier sind die Häuser dreckig braun und wirken recht heruntergekommen, auf jeden Fall nicht sehr einladend.

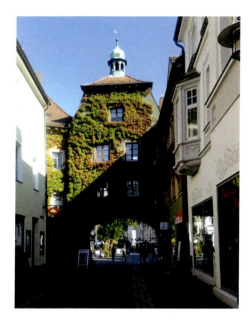

Oberes Tor
Weiden

Die Pension liegt an der »Frauenrichter Straße« (der Verbindungsstraße zur Autobahn) und ist eher spartanisch eingerichtet. Außer mir übernachten im Wesentlichen Monteure hier. Preislich finde ich diese Unterkunft eher hoch für den Standard, den sie bietet. Sie erfüllt aber ihren Zweck. Im Erdgeschoss gibt es eine Gastwirtschaft und einen Biergarten. Die Auswahl auf der Speisekarte ist beschränkt und als Vegetarier hätte man es schwer, aber für mich ist ein Schnitzel gerade richtig.

Ich sitze nicht weit entfernt vom Stammtisch und habe latent den Eindruck von den älteren politisierenden Herrschaften ständig misstrauisch beäugt zu werden. Es wird über den Sündenpfuhl Berlin, den vermurksten Flughafen, sowieso die Prasserei der da oben und da »drüben« geschimpft. Besonders der nahende 3. Oktober und die Berichterstattung über Misserfolge bei der Wiedervereinigung erhitzen die Gemüter zusätzlich.

Alle Klischees, die man über die Bevölkerung des bayrischen Hinterlands kennt, werden hier geradezu in Reinform bedient. Unweigerlich muss in mich hineingrinsen, weil ich mich an die Sketche vom bayerischen Kabarettisten Gerhard Polt erinnert fühle. Ich möchte fast wetten, dass keiner der Herren jemals seinen Fuß nordöstlich von Bayern gesetzt hat, geschweige denn mit Ostdeutschen Kontakt hatte. Interessant wäre es sicherlich, wenn diese Gruppe sich mit den Menschen, mit denen ich in Borna gesprochen habe, unterhalten würde und die »blühenden« Landschaften real begutachten könnten.

Anmerken möchte ich außerdem, dass mir Stammtische und die dazugehörigen Männerrunden in anderen Bundesländern nicht in dieser Form begegnet sind. Entweder liegt das an den vielen noch erhaltenen Wirtshäusern in Bayern oder den grundsätzlich unterschiedlichen kulturellen Faktoren.

Nach dem Essen gehe ich auf mein Zimmer und hänge noch ein wenig dem Gedanken nach, wieso trotz der Wiedervereinigung und der vergleichsweise geringen Distanz zu Thüringen und Sachsen auf beiden Seiten noch solche Vorbehalte vorherrschen.

Weiden in der Oberpfalz – Gebenbach

Start   Gasthof Dagner, Weiden
Ziel   Pension Zur Blauen Traube, Gebenbach

Routenlänge   22,89 km + 10,37 km Regionalzug

Dauer (inkl. Pausen)   7 Stunden

Höhendifferenz   41 m / 842 m
Start–Ziel / gelaufen

An-/Abreise   Zug / Bus
mit ÖPNV möglich

ANREISEINFO   Weiden ist von Nürnberg und Regensburg mit der Regionalbahn erreichbar. Gebenbach ist mit dem Bus von Amberg stündlich erreichbar.

ORTE AUF DEM WEG   Weiden → Weiherhammer → Obersteinbach → Ehenfeld → Krickelsdorf → Gebenbach

Die nächsten zwei Tage werden für mich ein besonderes Experiment und vor allem auch sehr anstrengend. Ich will ausprobieren, mit dem Zelt zu wandern. In den vielen kleinen Orten, die auf dem Weg der kommenden

Tage liegen, ist es zum Glück relativ unproblematisch bei Fremden zu fragen, ob man auf dem Grundstück campieren darf. Aus diesem Grund sind die Unterkünfte der beiden Tage auch nur Empfehlungen. Das Zelt hat mir ein Freund mitgebracht, der mich auf dem Abschnitt begleitet.

Weil ich gestern schon nach Weiden hinein gelaufen bin, obwohl ich eigentlich in Richtung Süden hätte laufen müssen, beschließe ich, nach Weiherhammer mit dem Zug zu fahren. Zudem sahen diese 10 km auf der Karte wenig attraktiv aus. Nach Weiherhammer gelangt man fast stündlich mit der Regionalbahn. Dort angekommen ist man eigentlich schon direkt im Wald. Der Bahnhof Weiden versprüht schönsten 60er-Jahre-Charme und Schilder der US-Army weisen darauf hin, dass ihre Soldaten nicht schwarzfahren dürfen. Zum Glück kommt der Zug pünktlich und bringt mich in 10 Minuten nach Weiherhammer.

Die schmalen und aufgelockerten Pfade machen den Einstieg angenehm, trotz des zusätzlichen Gepäcks. Anfangs kreuzen noch mehrere Straßen den Weg, hier als »Naab-Vils-Weg« (blaues Kreuz auf weißem Hintergrund) gekennzeichnet. Später sind wir aber ziemlich allein und hören nur manchmal weit entfernt Autolärm. Interessant ist, dass es hier trotz der heftigen Regenfälle der Vortage nicht so feucht ist, wie in anderen Waldgebieten. Das führt dazu, dass wesentlich weniger Pilze wachsen. Gemütlich geht es die ersten 6 km durch den Wald, bevor der Weg dann über abgeerntete Felder langsam ansteigt. Lag Weiherhammer noch auf 400 m ü. NN geht es durch Felder und kleinere Waldgebiete stetig hinauf auf bis 577 m ü. NN . Dort steht der ziemlich hässlich wirkende Aussichtsturm von Rödlas. Kurz vor dem Turm befindet sich ein Ausflugslokal und ein Rehgehege, ersteres ist aber trotz des Wochentags geschlossen. Der Plan, wegen des zusätzlichen Gepäcks weniger Brotzeit mitzunehmen und mittags essen zu gehen, funktioniert nun nicht mehr. Trotzdem legen wir eine kleine Pause beim Turm ein und genießen den leichten Wind nach der Anstrengung.

Hinter dem Turm geht es recht steil wieder 100 Meter bergab in das kleine Ehenfeld. Der Ort versprüht morbiden Charme und kein Auto und keine Menschenseele sind unterwegs. Wie in einem schlechten Horrorfilm sieht man Leute argwöhnisch hinter dem Vorhang herauslugen und diesen schnell zuziehen, sobald man zurückguckt. Auch in Ehenfeld gibt es keine Gastwirtschaft, dafür eine vergleichsweise große Kirche, die in der Mitte des Ortes thront. Daran vorbei geht es auf hartem Untergrund aus dem Ort hinaus und über die wiederum ziemlich harten Feldwege bergauf zwischen zwei Sandgruben hindurch. Meine Füße schmerzen schon sehr und die Landschaft bietet wenig Abwechslung, so

Felder soweit das Auge reicht

dass es schwerer fällt sich zu motivieren, weiterzulaufen. Nach der Querung der Landstraße folgt ein kleines Stückchen Wald und der Abstieg nach Krickelsdorf. Hier gibt es den lange ersehnten Gasthof mit Biergarten und freudig gehen wir hinein. Obwohl 3 Tische besetzt sind, erklärt uns die Kellnerin in breitester Mundart, dass heute Ruhetag sei und auf Nachfrage, ob wir doch etwas essen könnten, entgegnet sie, keine Zeit zu haben. Da stehen wir dann erst einmal etwas verdattert im Raum. Ein Gast ist aber so nett und fragt uns, wo wir herkämen und was wir vorhaben, so dass sich die resolute Wirtin dann doch erbarmt zu fragen, was wir wollen. Die Frage ist eigentlich rhetorisch, da es nur Wurst mit Sauerkraut oder Kartoffelsalat gibt und zum Trinken Bier, Spezi oder Wasser. Wir sind einfach glücklich etwas zu essen zu bekommen und setzen uns in den schönen Biergarten unter die riesige Kastanie. Hinterher kommt die Kellnerin sogar noch raus und unterhält sich ein bisschen mit uns. Mir ist bei einigen Begegnungen aufgefallen, dass sich hinter der anfänglichen Schroffheit doch nette und interessierte Menschen verbergen.

Nach und nach verlassen die Gäste die Wirtschaft. Wie sich herausstellt, waren alle Ausflugsgäste, nicht nur wir. So viel zum Ruhetag. Wir setzen unseren Weg nach Süden fort und stapfen wieder durch Felder auf harten Wegen. Die Sonne leuchtet orange-rot über den Hügeln und auf der Eisenbahnstrecke vor uns fährt eine einsame Lok in Schrittgeschwindigkeit nach Hirschau. In einem der Dörfer im Umkreis von Gebenbach wird uns erlaubt, unser Zelt aufzuschlagen.

Die Pension hingegen liegt mitten im Ort Gebenbach und bietet auch eine Gastwirtschaft.

Das Schlafen unter freiem Himmel kenne ich, aber

jetzt ist es anderes. Nach einem Reisgericht (den Müll haben wir natürlich mitgenommen), wird es ziemlich schnell dunkel. Aber jetzt erwacht auf einmal Leben um uns herum und wir hören immer wieder Scharren, Rascheln, Vogelrufe und Hundegebell. Eigentlich ziemlich müde und platt vom Tag, kann ich die vielen ungewohnten Geräusche zunächst nicht so ohne Weiteres ausblenden. Irgendwann werde ich dann doch von der Müdigkeit übermannt und schlafe selig ein, bis mich die Sonne aus einem traumlosen, tiefen Schlaf morgens weckt. Eine schöne, im Alltag viel zu seltene Situation. Ich fühle mich aber nicht weniger gut erholt, als nach einer Nacht in einer Pension.

TAG 19

Gebenbach – Rieden

Start Pension Zur Blauen Traube, Gebenbach
Ziel Pension Rundblick, Rieden

Routenlänge 36,79 km

Dauer (inkl. Pausen) 9,5 Stunden

Höhendifferenz -28 m / 1415 m
Start–Ziel / gelaufen

An-/Abreise Bus / Bus
mit ÖPNV möglich

ANREISEINFO Gebenbach und Rieden sind jeweils mit dem Bus von Amberg stündlich erreichbar.

ORTE AUF DEM WEG Weiden → Höhengau → Bernricht → Amberg → Hirschwald → Rieden

Nach dem Aufstehen, Zelt zusammenbauen und Müsli frühstücken geht es wieder in die Schuhe. Die Füße möchten eigentlich eine Pause, aber ich habe noch 3 Tagestouren vor mir, bevor der nächste Ruhetag eingeplant ist. Die Schuhe zeigen auch schon die ersten Verschleißerscheinungen, die Dichtung der Sohle löst sich langsam und das Leder wird härter und spröder. Es hilft

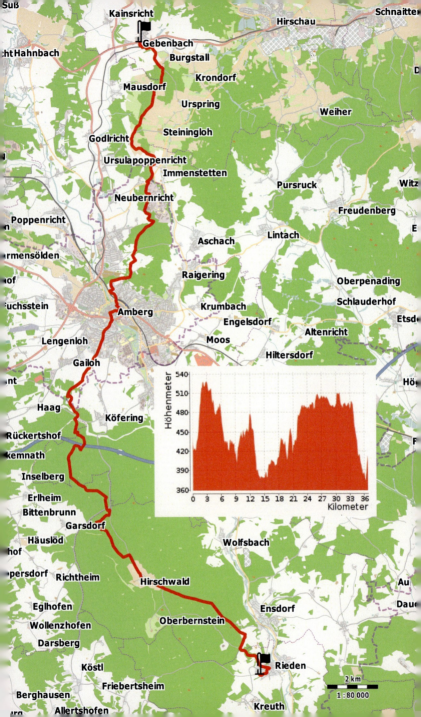

aber nichts und so satteln wir unser Gepäck und laufen in Richtung Amberg los. Am Morgen herrscht noch dichter Nebel, so dass man nur ein paar Meter weit sehen kann (ideal um Filmszenen nachzustellen, in denen man halb im Nebel verschwindet). Auf den Feldwegen direkt am Waldrand folgt ein Hochsitz dem Nächsten und ich frage mich, wie viele Wildtiere hier leben müssen, damit es sich lohnt, so viele Schießverstecke einzurichten.

Nach wie vor ist der »Naab-Vils-Weg« unsere Orientierung, wobei man beim kleinen Ort Höhengau aufpassen muss, dass man den kleinen Wegweiser am Ortseingang nicht übersieht und nicht die Straße entlang nach Amberg läuft. Kurze Zeit später landet man auf der Höhe von Bernricht auf einer Straße hinter einem großen Industriegebiet. Dieser kann man folgen und dann in einen weiteren Feldweg abbiegen, wo einen bald die »Red River Ranch« im Stile einer texanischen Großranch begrüßt. Sie ist leider auch geschlossen. So geht es auf dem Weg über Wiesen und Felder weiter südwestlich. Auch hier ist niemand außer uns unterwegs und inzwischen

Frühmorgendlicher Nebel hinter Gebenbach

gleichen sich die Landschaftsabschnitte dann doch. Immerhin ist der Weg nicht schnurgerade, auch wenn der Boden hart ist und die Füße zum Pulsieren bringt. Eine Verbindungsstraße kreuzt den sonst eher monoton verlaufenden Weg und ein Stück weiter werden wir von den Ausläufern Ambergs begrüßt.

Hier stehen größere Einfamilienhäuser an dem Hang, den wir jetzt auf der Straße ins Zentrum von Amberg absteigen. Vorbei an einem alten Lokschuppen geht es unter der Bahnstrecke hindurch in die Innenstadt. Wirkten die Ausläufer des Zentrums noch etwas heruntergekommen und ausgestorben, ändert sich das Stadtbild relativ schnell, sobald man die Fußgängerzone erreicht. Vom Marktplatz über die Vils, der sehr malerisch durch die Stadt fließt, laufen wir auf der »Georgenstraße« und suchen ein kleines Restaurant zum Mittagessen. Im Gegensatz zum Vortag haben wir hier mehr Glück und finden eine Pizzeria mit günstigem Mittagsangebot. Hier stärken wir uns nach den ersten 15 km des Tages und füllen unsere Wasserreserven auf. Ich versuche meine Füße ein wenig zu entspannen, weil die Fußsohlen schon sehr deutlich auf sich aufmerksam machen. Zudem habe ich eine kleine Druckstelle am kleinen Zeh, aufgrund der Dauerbelastung und dem Mehrgepäck.

Wieder bei Kräften folgen wir jetzt dem östlichen Albrandweg (roter Strich auf weißem Hintergrund) durch die südlichen Stadtteile Ambergs. Es geht wieder hinauf (bis 100 Höhenmeter). Erst nach 4 km hört die asphaltierte Straße auf und geht in einen kleineren Waldweg über. Den Unterschied merke ich sofort, auch wenn das Glück nur vergleichsweise kurz währt. Der Weg schlägt einige Haken und man muss aufpassen, eines der kleinen Schilder oder Symbole an einem der Bäume nicht zu übersehen, um nicht komplett in die falsche Richtung zu laufen. Nach Querung einer größeren Verbindungsstraße folgt kurz darauf die Unterführung der Autobahn (A6) und erst nach weiteren 15 Minuten Fußmarsch wird es langsam stiller. Dafür ist der Weg jetzt wieder breiter. Meine Druckstelle wird größer und macht sich empfindlich bemerkbar. Ich werde zunehmend langsamer und versuche – wo möglich – auf der sanfteren Böschung des Weges zu gehen. Auch hier ist niemand unterwegs. Erst als wir auf Höhe des Waldhauses die Straße queren, begegnen wir einigen Tagestouristen, die dort parken und sich das Wildschweingehege ansehen. Die Wildschweine sind abgehärtet gegen den Trubel und gehen entspannt ihrer Beschäftigung nach – Schlafen oder Fressen.

Unterhalb des Geheges führt ein kleiner Pfad wieder in den Wald und zweigt dort bald nach Süden ab. Inzwischen sind schon über 27 km geschafft. Die Füße fühlen sich mittlerweile an wie Klumpen. Zu allem Überfluss endet der Waldweg dann auch noch auf der Straße vom Waldhaus nach Hirschwald.

Waldwege im Hirschwald

Inzwischen hat sich die Wolkendecke komplett verzogen und die Nachmittagssonne brennt in voller Intensität auf uns herunter. Die 2 km bis Hirschwald auf der Straße mit recht viel Verkehr sind sehr anstrengend. Bei jedem der vielen vorbeifahrenden Fahrräder wünsche ich mir insgeheim, tauschen zu können.

In Hirschwald muss ich eine weitere Pause einlegen. Mittlerweile schmerzen auch die Knie! Die Druckstelle ist zu einer Blase herangewachsen. Eine wahrlich super Voraussetzung, um die verbleibenden Kilometer zu laufen! Vor dieser Tour hätte ein Tag Ruhe wahre Wunder gewirkt. Es hilft aber nichts, es muss weitergehen! Langsam und jeden Schritt behutsamer aufsetzend, laufen wir jetzt abseits vom Albrandweg östlich von Hirschwald wieder in den Wald hinein in Richtung Ensdorf / Rieden. Normalerweise würde ich mir einen Weg suchen, der angenehmer zu gehen ist, aber hier gibt es leider nur große Straßen bzw. Waldwege. Ich will nach der bisherigen Distanz zudem nicht unnötige Kilometer zusätzlich laufen. Der Wald wirkt hier auch recht kaputt, so dass ein Umweg wenig lohnend wäre.

Die Route führt stetig bergab. Mit dem zusätzlichen Gewicht auf dem Rücken ist das sehr anstrengend für die Knie. Zum Glück bin ich hier nicht alleine unterwegs! Unsere Gespräche lenken gut vom Schmerz ab und wir laufen dabei einfach stur weiter. So funktioniert es erstaunlich gut für einen gewissen Zeitraum den Schmerz und die pochenden Fußsohlen zu ignorieren. Nach einiger Zeit merkt man den Schmerz dann umso heftiger.

Im Kriechgang gelangen wir schließlich in die Umgebung von Rieden und treffen auf einem Feld auch einen Bauern, der uns gestattet, etwas abseits das Zelt aufzubauen. Das Tütengericht schmeckt uns heute hervorragend und wie erschlagen schlafen wir beide ziemlich schnell ein. Meine Füße schauen sehr mitgenommen aus und die Blase am kleinen Zeh ist richtiggehend aufgebläht. Ich versuche mit meinen Blasenpflastern einen engen Kompressionsverband um sie herum anzulegen.

Die Pension Rundblick befindet sich am westlichen Rand von Rieden und man muss leider einen Umweg durch den Ortskern laufen, um dorthin zu kommen. Es bietet sich also an, in einem der Restaurants am Markt zu essen, bevor man zur Pension geht.

TAG 20

Rieden – Kallmünz

Start   Pension Rundblick, Rieden
Ziel   Pension Zum weißen Rössl, Kallmünz

Routenlänge   26,05 km

Dauer (inkl. Pausen)   8,5 Stunden

Höhendifferenz   -72 m / 1188 m
Start–Ziel / gelaufen

An-/Abreise   Bus / Bus
mit ÖPNV möglich

ANREISEINFO Rieden ist mit dem Bus von Amberg stündlich erreichbar. Kallmünz kann mit dem Bus von Regensburg erreicht werden.

ORTE AUF DEM WEG Rieden → Schmidmühlen → Lanzenried → Dietldorf → Rohrbach → Traidendorf → Kallmünz

Nach derselben Morgenroutine wie am Vortag geht es wieder in den Wald hinein und bergauf. Im Gegensatz zu den bisherigen Tagen sind die Plackereien und die Schmerzen von der gestrigen Route noch nicht vergessen, so dass ich es jetzt schon ziepen spüre. Das passierte mir sonst eher erst nach 4-5 Stunden laufen. Lang-

Unterbernstein

Darsberg

Köstl

Friebertsheim

ausen

Allertshofen

Unterlammerthal

burg

Adertshausen

Rieden

Kreuth

Vilshofen

Schmidmühlen

Pilsheim

Höhenmeter

510
480
450
420
390
360
330

0 3 6 9 12 15 18 21 24
Kilometer

roßbissendorf

Hohenfels

Dietldorf

Loisnitz

tetten **Holzheim** **Markstetten** **Lauf** **Rohrbach**

Raitenbuch

Ammelacker

wang **Kleinmittersdorf** **Traidendorf**

Dinau **Kallmünz**

2 km

1 : 80 000

samer als sonst, aber dennoch kontinuierlich steigen wir die 100 Meter bis zu den beiden kleinen Hügelkuppen Schallerberg und Brunnberg hinauf. Oben benötige ich zunächst eine kleine Pause mit Haferriegeln, bevor es weitergeht.

Die nächsten Kilometer laufen wir zum Glück relativ höhengleich durch den Wald, nur leider nicht auf kleinen Pfaden, so dass wir den harten Boden mit dem schweren Gepäck schon deutlich spüren. Ca. 7 km hinter Rieden verlassen wir das riesige Waldgebiet, das uns fast 2 Tage begleitet hat und landen in einer Landschaft, die auf den ersten Blick der Toskana gleicht: Felder und 3–4 Bäume in Reih und Glied, die von der Ferne wie Zypressen aussehen. Vorbei am Pirkhof führt ein heckengesäumter Feldweg hinab in Richtung Schmidmühlen. Als sich dieser Weg kurze Zeit später mit einem anderen vereinigt, geht es auf Asphalt ziemlich steil bergab nach Schmidmühlen. Ich laufe kleine Serpentinen, weil meine Knie wieder das Murren anfangen und die Blase beim Abstieg noch stärker schmerzt.

In Schmidmühlen machen wir wieder eine kleine Pause am Markt und stärken uns mit einer Brotzeit vom dortigen Metzger und Bäcker. Das Wasser können wir dabei auch gleich auffüllen. Ähnlich wie in Pressath ist auch in Schmidmühlen viel Militär unterwegs. Jeeps, Soldaten in voller Montur und Zivilmitarbeiter mit unbekannten, interessanten Aufnähern an den Jacken sind unterwegs. Der Blick auf die Karte verrät, dass direkt westlich angrenzend ein weiterer Truppenübungsplatz liegt. Militär und Übungsplätze sind scheinbar ein spezieller Wirtschaftszweig der Oberpfalz.

Wieder etwas erholt und auf jeden Fall gestärkt, folgen wir von nun an dem Jurasteig (skizzierter Weg auf gelb-/

orangenen Hintergrund). Der Name ist Programm: Hoch und runter geht es entlang des Oberpfälzer Jura (Frankenalb), was leider etwas suboptimal für uns beiden durchgewalkte Wanderer ist.

Bei Schmidmühlen verläuft die Route östlich über die Vils und die Landstraße, um dann kurz vor der Wohnsiedlung ziemlich steil wieder knapp 100 Meter hinauf zu steigen. Etwas aus der Puste haben wir dann von oben einen super Blick auf das unter uns liegende Vilstal und die gegenüberliegende – ebenfalls steil abfallende, bewaldete – Felswand. Wie man es von einem Steig erwartet, läuft man auf kleinen Pfaden durch den Wald. Eine wohltuende Abwechslung zu den vorherigen harten Böden. Hier kann man tatsächlich ungestört laufen; die Autos im Tal hört man eher als ein leichtes Hintergrundrauschen. Fast beschwingt, weil weder Knie noch Zeh zu arg schmerzen, gehe ich die fast 5 km durch den Wald. Der Weg wandelt sich dann zwar wieder in eine breitere und härtere Version, aber ich bin gerade richtig drin. Da stört es kaum, dass der Wald endet und die weitere Route zwischen den Feldern auf einem Schotterweg zum Ort Lanzenried führt. Erst auf der Straße bei Lanzenried werde ich mir wieder meines Gewichts, meiner schmerzenden Fußsohlen und meiner Blase bewusst, quasi mit den ersten Schritten auf Asphalt! Auf direktem Weg gehen wir zu dem kleinen Umspannhäuschen, an dem der Jurasteig nach Südosten abbiegt. Ich brauche eine weitere Pause und versuche die Beine mit zusätzlichen Dehnübungen wieder etwas zu entspannen. Die Sonne leuchtet am strahlend blauen Himmel und das gibt immerhin wieder einen Motivationsschub trotz der Schmerzen.

Weiter geht es dann auf dem harten Schotterweg, wieder in den Wald hinein, wo uns das erste Mal seit Berlin ein Pärchen begegnet, das ebenfalls fernwandert. Sie erzählen uns, dass sie von Kallmünz kommen und nach Schmidmühlen wollen, aber schon 5 Stunden unterwegs sind. Das verschlägt mir etwas die Sprache, weil ich dachte, schon mehr als die Hälfte geschafft zu haben. Abgesehen davon sind wir auch schon seit 4 Stunden unterwegs. Also weiter auf dem harten Weg durch den hügeligen Wald! Auf einmal rast ein weißlackierter Transporter von hinten heran und überholt uns. Nach 2 km kommen wir an einer Stelle vorbei, an der ein Mobilfunkmast neu aufgestellt wurde und der Transporter mit zwei Arbeitern steht dabei. Das ist wieder eine dankbare Abwechslung und lenkt vom Schmerz ab. Kurz danach durchqueren wir das kleine Tal am Weiler »Greßtal« und verschwinden wieder im Wald.

Wir erreichen nach einem steilen Abstieg den Ort Dietldorf. Eine weitere Pause ist fällig!

Ich überlege, wie es jetzt weiter gehen soll, denn die Blase hat inzwischen riesige Dimensionen angenommen. Der Zeh besteht eigentlich nur noch aus Blase. Na super, und nach Kallmünz sind es noch 7 km! Also weiter mit schmerzendem Fuß und durchgelaufenen Knien.

Wir entscheiden uns dagegen, den Jurasteig bis zum nächsten Dorf zu laufen, weil dies wieder einen steilen Auf- und Abstieg bedeutet hätte. Vielmehr setzen wir den Weg im Tal fort, was aber leider bedeutet, dass wir auf dem asphaltierten Fünf-Flüsse-Radweg laufen müssen. Wenigstens ist das Wetter schön und das Wasser der Vils glitzert in der Nachmittagssonne. In vergleichsweise normaler Geschwindigkeit geht es in das 3 km entfernte Rohrbach, aber inzwischen fängt auch meine Hüfte an, Zicken zu machen. Eine weitere Pause mit stärkenden

Haferriegeln muss her, ehe wir den Weg auf Asphalt nach Traidendorf fortsetzen. Ich versuche, wo immer es geht, neben dem Asphalt im Gras zu gehen, was durch den aufgeworfenen Boden mit Traktorspuren nicht wirklich angenehmer ist. Zudem verfalle ich unbewusst wegen der Blase in eine Schonhaltung, was natürlich das Hüftziehen nicht besser macht! Für Traidendorf und das dortige Schloss habe ich kaum einen Blick, weil ich so darauf fokussiert bin, bewusst den nächsten Schritt zu setzen. Wir legen wieder eine kleine Pause ein und lassen dabei den Blick über das kleine Traidendorf schweifen.

Der Endspurt nach Kallmünz ist sehr hart und wir brauchen wegen mir für die fehlenden 2 km fast eine dreiviertel Stunde. Immer wieder muss ich kurze Pausen einlege. Zwischenzeitlich habe ich auch keinen sehr sicheren Auftritt mehr, so dass ich leicht umknicken könnte. Es passiert aber zum Glück nichts und nachdem wir die letzte Biegung der Vils hinter uns haben, sehen wir die Burg von Kallmünz auf dem Fels thronen. Am Ortseingang müssen wir ein Stück an der Landstraße laufen, bevor wir dann über die »Dinauer Straße« und die Vilsbrücke die Altstadt erreichen. Der »Vilsgasse« folgend laufen wir an den vielen mittelalterlichen Häusern vorbei zur steinernen Brücke. Von hier hat man einen super Blick auf die – seit Weiden ganz schön angeschwollene – Naab, die sich nur ein paar Meter weiter mit der Vils vereinigt. Auf der Brücke verbringen wir ein wenig Zeit und schauen den Flüssen nach, wie sie gemächlich dahin fließen. Das hat einen sehr meditativen Effekt und lenkt mich ideal vom Schmerz ab.

Die Pension liegt zum Glück nicht weit von der Brücke entfernt und ist auch auf Radausflügler eingestellt.

Steinerne Brücke in Kallmünz

Im Erdgeschoss gibt es eine Pizzeria. In Kallmünz gibt es aber noch ein paar andere Restaurants. Erstaunt bin ich aber doch, wie teuer alle Unterkünfte in diesem – eigentlich sehr kleinen – Ort sind. Auf dem Zimmer genieße ich die ausführliche Dusche nach 3 Tagen.

Die Naab vor dem Zusammenfluss

Mit den Utensilien, die ich in der Apotheke gekauft habe, mache ich mich daran meine Blase zu verarzten. Zusätzlich mache ich noch etwas mehr Dehnübungen und Fußmassage als sonst, um mein geschundenes Skelett etwas zu lockern. Nachdem wir dann auch noch gut gegessen haben, geht es früh ins Bett und ziemlich schnell falle ich in einen traumlosen, tiefen Schlaf.

TAG 21

Kallmünz – Regensburg

 Start Pension Zum weißen Rössl, Kallmünz
Ziel Deutsche Jugendherberge, Regensburg

 Routenlänge 24,66 km + 6,86 km Bus

 Dauer (inkl. Pausen) 6,5 Stunden

 Höhendifferenz -9 m / 1247 m
Start–Ziel / gelaufen

 An-/Abreise Bus / Zug
mit ÖPNV möglich

ANREISEINFO Kallmünz kann mit dem Bus von Regensburg erreicht werden. Regensburg ist überregional mit dem Zug oder Fernbus zu erreichen.

ORTE AUF DEM WEG Kallmünz → Krachenhausen → Heitzenhofen → Duggendorf → Pielenhofen → Etterzhausen → Kneiting

Die kleine Operation am Vortag hat wahre Wunder gewirkt. Ich fühle mich fast wieder topfit und gehe voller Tatendrang den Endspurt nach Regensburg an. Aus Kallmünz heraus müssen wir dem Fahrradweg nach Krachenhausen folgen, da der Jurasteig schon bei Traiden-

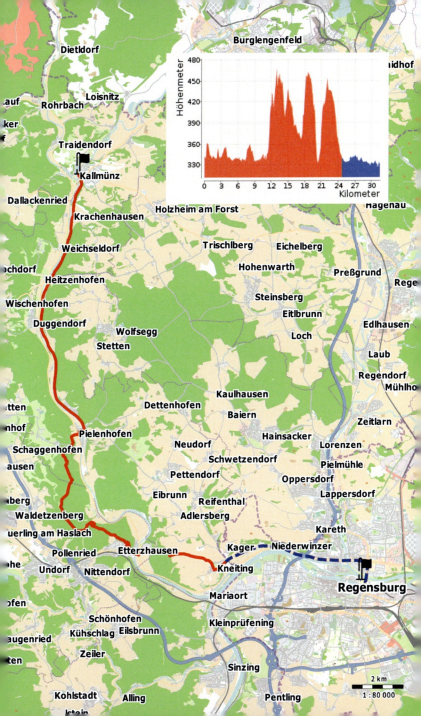

dorf abging. Auf der asphaltierten Piste begegnen uns immer wieder Radler auf ihren elektrisch betriebenen und hochgerüsteten Fahrrädern. Krachenhausen ist ein kleines, nettes Dörfchen mit Landgasthof, in dem man auch hätte übernachten können. Die Naab ist inzwischen schon so breit und flach, dass sie unseren Weg träge dahinfließend begleitet. Immer wieder stehen Angler am Ufer und versuchen ihr Glück. Die Sonne brennt zum Glück nicht zu heiß und außerdem bläst ein leichter Wind, was das Laufen angenehm macht.

Auf Höhe von Heitzenhofen kommt der Jurasteig von der Westseite den Hügel hinunter und führt über die Naab, um dann auf unserer Flussseite wieder zur nächsten Felskante hochzusteigen. Obwohl es mir wieder besser geht, entscheiden wir uns dagegen, dem Jurasteig zu folgen, um die Belastung geringer zu halten. Abgesehen davon kreuzen sich beide Wege ein paar Kilometer weiter in Pielenhofen wieder und verlaufen quasi parallel im Naabtal – nur eben auf verschiedenen Höhenniveaus. Normalerweise hätte ich den Höhenumweg in Kauf genommen, um nicht auf Asphaltpisten laufen zu müssen, aber ich merke doch, dass Kraft und Energie etwas nachgelassen haben.

Also geht es weiter auf dem asphaltierten Uferweg neben der fast stillstehenden Naab nach Duggendorf und Pielenhofen. Die Landschaft des Naabtals ist wunderschön, auch wenn auf der gegenüberliegenden Seite die Straße verläuft. Ich nehme mir vor, auf jeden Fall noch einmal hierher zu kommen oder vielleicht auch den Fünf-Flüsse-Radweg zwischen Regensburg und Nürnberg einmal entlangzufahren.

Nach ca. 10 km gemütlichen Marsches neben dem trägen Fluss erreichen wir Pielenhofen. Eigentlich ein kleiner Ort, erwartet uns hier ein riesiges Kloster auf der gegenüberliegenden Flussseite. Über die Brücke gelangen wir zum Klostergelände und der dortigen Klosterwirtschaft. Einige Radausflügler sitzen bereits hier und gönnen sich das erste Weißbier (für nicht Bayern: Weizen) des Tages. Wir entscheiden uns, ein Stück den Hang oberhalb des Ortes hochzulaufen und dort auf einem Wiesenvorsprung eine Pause einzulegen und Brotzeit zu machen. Der Ausblick hier ist sehr schön mit dem Kloster im Vordergrund und dem Tal und Fluss dahinter. Meine Blase am Fuß macht zum Glück keine Beschwerden mehr, dafür spüre ich nach den 10 km Asphalt wieder deutlich das Gewicht auf den Knien.

Nach der ausgedehnten Pause steigen wir wieder in den Jurasteig ein und laufen auf kleinen Pfaden in den Wald, bis wir wieder 100 Meter über dem Flusstal sind. Der Wald wirkt nur stellenweise angegriffen, immer wieder gibt es auch »wildere« Abschnitte mit niedrigen Büschen und verschiedensten Pilzen entlang kleiner Trampelpfade. In südwestlicher Richtung durchqueren wir den Wald.

Kloster Pielenhofen

Zwischenzeitlich werden die sanft abfallenden Wege breiter und die ersten Mountainbiker kommen von hinten angerast bzw. keuchen den Hügel hoch. Das ist ein untrügliches Zeichen für die nahende Großstadt Regensburg. Nun hören wir auch die Autobahn A3 stärker, die westlich des Waldes entlangführt.

Kurz bevor es in den Ort Penk geht, laufen wir an Wiesen vorbei, auf denen Pferde genüsslich grasen oder sich darauf wälzen. Das kannte ich bisher von Pferden nicht. Da wir nicht in den Ort hinunter wollen, halten wir uns rechts an die Beschilderung nach Burgstall / Etterzhausen und steigen weiter hinauf. Knapp 2 km weiter führt uns der Weg nach Etterzhausen. Wir haben unbewusst den Jurasteig-Weg verlassen und landen daher im oberen Teil von Etterzhausen und nicht im Unteren. Das macht aber nichts, da wir über die kurvig hangabwärts führende »Domspastzenstraße« und den sich daran anschließenden Fußgängerpfad die 130 Meter Höhendifferenz relativ schnell überwinden.

Etterzhausen ist zwar klein, aber es gibt sehr viel Verkehr auf den beiden Landstraßen. Wir queren ein letztes Mal die Naab und halten uns schräg links, so dass wir linker Hand vom Autohaus auf den Feldweg nach Osten gelangen. Hier ist auch ein kleiner Wegweiser auf dem Kneiting, unser heutiger Endpunkt, bereits angezeigt wird. Ein letztes Mal geht es 100 Meter hoch auf die Hügelkuppe. Zunächst auf einem breiten Pfad, dann auf vielen kleinen, von Wurzeln durchzogenen Wegen. Auf diesem Teil muss man aufpassen, nicht falsch abzubiegen und sich zu verlaufen. Insgesamt ist das aber ein schöner Abschnitt. Von der mit Feldern übersäten Hügelkuppe sieht man gut, wie Regensburg in die Hänge um die Donau hineingebaut ist. Auf der »alten Straße«

laufen wir langsam wieder hinab. Ähnlich wie im Vogtland stehen hier viele alte Obstbäume am Wegesrand und die reifen Äpfel laden zu einer kleinen Pause ein.

Die letzten Meter in den Ort Kneiting verlaufen steil ins Donautal hinunter, an der Feuerwache vorbei zum östlichen Ortsausgang, wo sich die Bushaltestelle befindet. Von Kneiting hätte man auch über Mariaort, die Naab-Brücke und die Eisenbahn-Donaubrücke nach Prüfening laufen können. Das Wetter wurde aber zunehmend schlechter und der Wind stärker, ja richtig unangenehm, so dass wir es vorziehen hier in den Bus zu steigen und die ca. 15 Minuten bis zur Jugendherberge zu fahren.

Endpunkt
in Kneiting

Die Jugendherberge in Regensburg befindet sich mitten auf der Donauinsel und ist gefühlt riesig. Es gibt unterschiedliche Zimmergrößen und im separaten Anbau sogar eigene Zimmer für Familien. Wir kommen just in dem Moment im Zimmer an, als sich draußen in einem Platzregen die angestaute Feuchtigkeit der letzten 3 Tage entlädt.

Meine verarztete Wunde hat die heutigen 26 km gut überstanden, meine Beine und Knie schmerzen allerdings stark. Ich bin froh um den kommenden Ruhetag ohne Gewicht.

Nach einer Ausruhphase im Zimmer inklusive intensiver Selbstpflege hat sich das Wetter wieder beruhigt, so dass wir uns aufmachen, ein Abendessen in einem der vielen Restaurants in der Altstadt einzunehmen. Wer Lust auf lokale Küche hat, dem sei, passend zum Tagesziel, die Brauereigaststätte Kneitinger am Bismarckplatz empfohlen. Hier gibt es deftige bayrische Küche und selbstgebrautes Bier.

EXKURS Mit Zelt zu wandern ist definitiv ein Erlebnis und bringt einen noch näher an die Natur. Nur sollte man sich bewusst sein, dass man noch einiges Gepäck zusätzlich tragen muss. Die 2-3 Kilo zusätzlich waren für mich schon eine Herausforderung. Es lohnt sich in diesem Fall, noch mehr Ruhetage einzulegen. Im Nachhinein würde ich die Tagesrouten wohl auch kürzen.

Regensburg Ruhetag

Regensburg verfügt über eine sehr schön erhaltene Altstadt, was einerseits zu ausgedehnten Besichtigungen einlädt, andererseits aber auch bedeutet, viele Wege zu Fuß zurücklegen zu müssen. Hier habe ich im Studium für ein paar Wochen gewohnt und das studentisch geprägte Nachtleben mit vielen kleinen Kneipen und Bars als ziemlich attraktiv in Erinnerung. Abgesehen davon gibt es – ähnlich wie für Leipzig – zahlreiche Tipps in Reiseführern und im Internet, weswegen ich nur Folgendes empfehlen möchte:

▸ Eine Bootstour auf der Donau sollte man auf jeden Fall einplanen.

▸ Eine geführte Tour durch die Altstadt und den riesigen Dom ist ebenfalls lohnend. Selbstverständlich kann man auch auf eigene Faust die vielen kleinen Gässchen mit den schmucken Häusern erkunden.

▸ Für Wurstfreunde ist die Wurstkuchl am Ufer der Donau direkt neben dem Aufgang der steinernen Brücke ein Besuch wert. Hier wird alles noch selber gemacht.

▸ Anhänger des Süßen sollten unbedingt beim Dampfnudel-Uli vorbeischauen. Dieses Gasthaus ist eine Institution in Regensburg und bietet leckere Dampfnudeln mit Vanillesauce an. Man muss aber die ungewöhnlichen Öffnungszeiten beachten bzw. vorher im Internet recherchieren.

Blick auf die Donau

- ▶ Kulturfreunde können die örtlichen Museen entdecken oder ein Konzert der Regensburger Domspatzen besuchen.
- ▶ Bei gutem Wetter eignen sich einige Stadtstrände entlang der Donau zum Entspannen und um etwas Kleines zu trinken.

Regensburger Stadtbild

Regensburg – Kelheim

Start Deutsche Jugendherberge, Regensburg
Ziel   Gasthof Berzl, Kelheim

Routenlänge 22,04 km + 7,83 km Bus

Dauer (inkl. Pausen) 5,5 Stunden

Höhendifferenz 13 m / 1222 m
Start–Ziel/gelaufen

An-/Abreise Zug / Zug
mit ÖPNV möglich

ANREISEINFO Regensburg ist überregional mit dem Zug oder Fernbus zu erreichen. Der Nebenort von Kelheim, Saal an der Donau, ist stündlich mit dem Regionalzug von Regensburg zu erreichen.

ORTE AUF DEM WEG Regensburg → Kleinprüfening → Alling → Saxberg → Schneckenbach → Kelheim

Mein Freund hat mich in Regensburg verlassen, so dass ich die restlichen knapp 150 km bis München wieder alleine laufe. Mit nun leichterem Gepäck steige ich in den Stadtbus in Richtung Prüfening und erspare mir so, 7 km durch die Stadt zu laufen. Prüfening liegt etwas

Höhenmeter

oberhalb der Altstadt und hat den Vorteil, dass man von hier über eine der beiden Donaubrücken ans andere Ufer gelangt. Ich habe leider etwas Pech mit dem Wetter, so dass ich direkt nach dem Aussteigen meine Regensachen anziehen muss. Trotzdem ist meine Laune super, der eine Tag Ruhe hat wieder wahre Wunder gewirkt! Die Fußbeschwerden sind fast weg, die Blase konnte etwas abheilen. Es sei also jedem ans Herz gelegt, nach spätestens 5 bis 6 Tagen eine Unterbrechung einzuplanen.

Mein Plan war zunächst von Regensburg auf dem bayrischen Jakobsweg das Donau- und Ilmtal bis Dachau zu durchlaufen. Aus diesem Grund folge ich von der Endhaltestelle auch brav der Jakobsmuschel, bis ich kurze Zeit später ein großes Schild entdecke, das besagt, dass die Eisenbahnbrücke nach Sinzing für Fußgänger gesperrt ist. Das ist ärgerlich, weil die nächste Brücke einen Umweg von 3 km bedeutet. Kurzerhand entscheide ich mich dafür, großräumiger umzudisponieren. Ich laufe also zu dieser anderen Brücke einer großen Stahlbrücke. Bei jedem Zug der darauf von und nach Nürnberg die Donau quert gerät sie in Schwingung. Und es sind viele Güterzüge unterwegs! Zusätzlich peitscht der Regen runter und mit jedem Zug klatscht zusätzliches Wasser von der Seite auf mich. So schaue ich, dass ich – trotz des tollen Ausblicks auf den Zusammenfluss von Naab und Donau – die Brücke möglichst schnell überquere. Auf der gegenüberliegenden Seite geht es neben der kleinen Kirche hinab zur Straße nach Kleinprüfening.

Mitten im Ort führt dann ein kleiner Weg zwischen den Häusern steil den Hang hinauf auf 450 m ü. NN (die Höhe, die mich schon seit Schmidmühlen begleitet). Durch den Wald auf kleineren Wegen gelange ich – immer dem grünen Pfeil auf weißem Hintergrund folgend – über ein paar Abzweigungen auf größere Wege und 2 km später unter der lärmenden Autobahn hindurch (dieselbe A3 wie vor zwei Tagen). Es folgt ein schöner Abschnitt auf langgezogenen Pfaden durch den Wald, der auch Schutz vor dem Nieselregen bietet. Ich merke deutlich, dass ich schon 3 Wochen unterwegs bin und das Wetter inzwischen sehr herbstlich geworden ist. Bei den einstelligen Temperaturen kann ich kaum glauben, dass ich bei 30°C gestartet bin. Stur folge ich den Pfaden nach Alling, die oberhalb einer kleinen Wiese nicht weit entfernt vom ehemaligen Allinger Bahnhof enden. Wie bereits bei den anderen Strecken durch die Flusstäler steht auch hier ein steiler Abstieg über die Wiese an, bevor es auf einer kurzen Brücke über die Schwarze Laber geht. Nach Überquerung der Landstraße geht es wieder bergauf. Zwar ist der Aufstieg nicht sonderlich steil, dennoch gilt es wieder 100 Meter Höhendifferenz zu überwinden; langsam werde ich Routinier darin. Auf dem Plateau führt der Pfad noch ein wenig durch den Wald an unzähligen Hochsitzen vorbei. Man könnte den Eindruck gewinnen, die halbe Bevölkerung jage!

Aus dem Wald hinaus geht es am Feldrand in das kleine Dorf Saxberg und auf dem Regensburger Steig weiter auf Asphalt nach Schneckenbach. Der Himmel hat inzwischen aufgeklart. Ich kann also meine Regensachen an der Orts-Bushaltestelle einpacken und zudem eine Pause einlegen.

Die zwei ratschenden Bewohner, die ich auf dem Weg in den Ortskern treffe, sind die ersten Menschen, denen ich heute seit Regensburg begegne, dasselbe gilt scheinbar umgekehrt. Auf jeden Fall verstummen die

Gespräche und es kommt nur ein gemurmeltes »Grüß Gott« auf mein »Hallo«. Egal, wenig freundlich, aber was soll's, denk ich mir und laufe weiter wieder in den Wald hinein. Hier entdecke ich wieder die Jakobsmuschel und Kelheim ist angezeigt. Die breiten Waldwege winden sich durch den Wald, es ist zwar nicht so urigwild, wie in einigen vorherigen Waldteilen, aber dennoch schön. Die Füße spielen zum Glück wieder mit, daher ist es nicht so schlimm, wieder auf härterem Untergrund unterwegs zu sein. Ca. 6 km verläuft der Weg mal bergan, dann wieder bergab, bis ich die Ausflugsgaststätte Frauenhäusl erreiche. Ich habe wieder Pech, denn sie ist geschlossen, obwohl ich am Nachmittag dort eintreffe. Den vielen Parkplätzen nach zu urteilen, möchte man aber vielleicht auch gar nicht hier sein, wenn Hochbetrieb ist. Eine kleine Pause gönne ich mir dennoch am Parkplatzhäuschen, bevor ich die finalen 4 km inklusive Abstieg nach Kelheim in Angriff nehme. Auch hier sind es eher breite Wege, die sich durch den Wald wie Schneisen ziehen und bei gutem Wetter (und ohne Corona-Einschränkungen) sicherlich große Wanderscharen direkt in den Biergarten lotsen. Das letzte Stück ist sehr steil und führt mich hinab in das auf 350 m ü. NN liegende Kelheim. Entlang der »Hemauer Straße« stehen wieder viele Obstbäume, allerdings diesmal auf Privatgrund: Schade! Im Hintergrund sieht man die Befreiungshalle. Das Wahrzeichen Kelheims erstrahlt auf dem Berg im Sonnenlicht. Sie wurde vom bayerischen König Ludwig I zu Ehren des Siegs gegen Napoleon in den Befreiungskriegen errichtet. Derartige Denkmäler finden sich auch in Berlin und Leipzig. Das Besondere an dem bayerischen Bauwerk ist, dass Bayern im Unterschied zu Preußen zunächst auf Seiten

Befreiungshalle

Napoleons stand. Wer mehr erfahren möchte, kann das auf dem Berg gelegene Besucherzentrum aufsuchen.

Mein Weg in die hübsche Altstadt von Kelheim führt über die Altmühl (hier als Teil des »Main-Donau-Kanals«) und endet direkt hinter dem Stadttor beim Gasthof »Berzl«.

Kelheim Zentrum

Ich mache noch einen kleinen Spaziergang durch die Altstadt, bevor ich meine tägliche Nach-Wander-Ruhepause einlege. Bierfreunde sollten auf jeden Fall das weiße Bräuhaus aufsuchen, das überregional für sein Weißbier (Schneider Weiße) bekannt ist.

Abends esse ich in der Gaststube und sitze wieder in der Nähe einer Herrengesellschaft, die in Stammtischmanier politisiert. Der 3. Oktober ist schon lange vorbei, dennoch ist auch hier wieder »der Osten« und das verkommene Berlin das vorherrschende Thema. Auch hier lässt mich der Verdacht nicht los, dass über Themen gesprochen wird, die keiner der Anwesenden wirklich beurteilen kann. In Bayern dagegen scheint die Welt ihrer Meinung nach noch in Ordnung zu sein. Nach dem guten, aber deftigen Essen gehe ich auf mein Zimmer, bevor das Bier die Stimmung noch weiter aufheizt.

TAG 24

Kelheim – Bad Gögging

Start Gasthof Berzl, Kelheim
Ziel Pension Schwaiger, Bad Gögging

Routenlänge 26,32 km

Dauer (inkl. Pausen) 6,7 Stunden

Höhendifferenz 9 m / 828 m
Start–Ziel / gelaufen

An-/Abreise Zug / Bus
mit ÖPNV möglich

ANREISEINFO Der Nebenort von Kelheim, Saal an der Donau, ist stündlich mit dem Regionalzug von Regensburg zu erreichen. Bad Gögging erreicht man am besten mit dem Bus von Abensberg, wo ein Anschluss an den Regionalzug nach Ingolstadt bzw. Regensburg besteht.

ORTE AUF DEM WEG Kelheim → Stausacker → Haderfleck → Hiehnheim → Bad Gögging

Bei leicht bewölktem Himmel starte ich nach einem sehr üppigen Frühstück. Nach einem kleinen Spaziergang durch den historischen Altstadtkern von Kelheim gehe ich durch das südliche Stadttor zum Donaudamm,

an den dort anliegenden Ausflugsschiffen vorbei auf den Jakobsweg in Richtung Süden. Zunächst verläuft der Pfad direkt neben der Donau auf geteertem Untergrund. Die Donau fließt trotz ihrer Breite relativ schnell in entgegengesetzter Richtung nach Regensburg. Ein paar Kilometer weiter liegt zwischen Felswand und Donau die kleine Höhlenkirche »Klösterl« mit dazugehörigem Biergarten. Coronabedingt – oder weil ich zur falschen Zeit da bin – hat leider beides geschlossen. Auf dem Weg begegnen mir immer wieder Wandergruppen, die nach Stausacker bzw. Kloster Weltenburg unterwegs sind.

Der Weg folgt der Donau und biegt dann bei einer Obstwiese scharf rechts ab, um sogleich wieder die bereits bekannten 100 Meter auf 450 m ü. NN zu überwinden. Ein wenig geht es auf einem schönen kleinen Pfad durch den Wald, bevor ich nach links zum Aussichtspunkt auf der »langen Wand« abzweigen kann. Die »lange Wand« ist eine steil abfallende Felswand, um die sich die Donau windet. Auch wenn man die monumentale und eindrucksvolle Kulisse eigentlich nur vom Ausflugsdampfer richtig bestaunen kann, hat man von hier oben aber einen schönen Blick auf die wildromantische Flusslandschaft in dem engen Tal. Diese Stelle ist auch als Donaudurchbruch bekannt und aufgrund der Strömung nicht ganz ungefährlich.

Zurück auf dem Weg geht es langsam hinab zur Straße, die von Kelheim nach Stausacker führt. Hier gibt es auch immer wieder die Möglichkeit bis an die Felskante heranzugehen und einen Blick hinab zu werfen. Nach einiger Zeit gerät zudem das beeindruckende »Kloster Weltenburg« ins Blickfeld. Etwas später – in der großen Donauschleife, in der auch die Straße entlangführt –

sehe ich dann das Kloster in voller Größe malerisch direkt am Ufer liegen.

Sowohl kurz vor als auch in Stausacker gibt es kleine Fähren über die Donau; erstere ist nur ein kleines traditionelles Fischerboot, eine »Zille«, für Wanderer. Als ich vorbeigehe ist weder die Wandererfähre noch die Autofähre in Betrieb. Ich denke mir aber nicht viel dabei, da das Wetter eher bewölkt und wegen Corona und beendeter Feriensaison ohnehin nicht viel los ist. Dem Parkplatzangebot auf beiden Donauseiten nach zu urteilen, kann das hier aber auch alles andere als idyllisch zugehen. Ich verlasse den Jakobsweg und gehe auf einem kleinen Traktorpfad unterhalb der Stadt am Ufer entlang bis ein kleiner Trampelpfad vor mir in das Uferunterholz führt. Jetzt wird es wieder richtig malerisch: der Weg schlängelt sich unterhalb der Felswand zwischen Sträuchern und Bäumen hindurch die ganze Zeit am Ufer der Donau entlang bis nach Haderfleck. Ab und zu sehe ich ein paar Enten und ich meine auch, Biberspuren zu erkennen. Der ideale Platz für eine kurze Pause in ruhiger Umgebung.

Kloster Weltenburg

Nach diesem schönen Wildpfad geht es hinter Haderfleck ca. 4 km auf einem deutlich breiteren Weg zwischen Donau-Ufer und den angrenzenden Feldern stetig geradeaus bis auf Höhe Hienheims. Zwar ist die Umgebung nicht ganz so urig, aber ich habe die Donau trotz des Unterholzes immer im Blick und falle aufgrund des einlullenden Wasserrauschens und der beruhigenden Kulisse in eine Art Trance. An der Anlandestelle der Seilfähre (ohne Motor) folgt dann plötzlich der Realitätsschock: Ein Schild verkündet, dass diese aufgrund starker Böen heute nicht fährt. Darunter erkenne ich auf einem weiteren Schild, dass dies auch für Niedrigwasser gilt und dass montags sowieso nie Fährbetrieb stattfindet (egal bei welchem Wetter). Das ist ziemlich frustrierend und ärgerlich, da die nächste Brücke 6 km flussaufwärts liegt. Es ist noch früh am Nachmittag, also gehe ich in den Ort, um zu gucken, ob vielleicht ein Bus in Richtung Süden fährt: aber Fehlanzeige! Es fahren nur 2 Schulbusse am Tag, einmal um 7 Uhr und einmal um 13 Uhr, beide Zeiten sind schon vorbei. Ich irre etwas angesäuert durch die

Die Donau mein steter Begleiter

Straßen und treffe eine Bewohnerin, die mir erklärt, dass doch ein jeder wüsste, dass die Fähre heute nicht fährt. Auf meine Frage, wie ich denn dann hinüber käme, zuckt sie nur die Achseln und meint: »er« müsse halt zur Brücke kommen und entschwindet eilig. Leicht verwirrt, dass mit »er« ich gemeint bin und sie mir nicht verraten wollte, wie ich das – außer zu Fuß – anstellen soll, laufe ich weiter zum südlichen Ortsausgang. Dort wartet eine weitere Bewohnerin auf den Schulbus aus Richtung Norden. Auch hier versuche ich mein Glück; die gute Frau antwortet aber nur mit »ja« und »nein«, schaut mich nicht an und mag mir offensichtlich auch nicht helfen. Ich fühle mich wie ein Fremdkörper, vielleicht schaue ich inzwischen aus wie ein verrückter Wilder? Das erinnert mich an die Reisedokus von Gernstl (BR), der auf seinen Touren durch Bayern auch des Öfteren in kleinen Orten einsilbige Gespräche ohne Augenkontakt mit den Bewohnern führt. Also gebe ich mich geschlagen und nehme den Umweg in Richtung Irnsing nolens volens in Kauf. Ich rate daher allen, die diese Route nachlaufen und die Fähre nutzen möchten, sich vorab über den Betrieb zu informieren!

Direkt an der Straße möchte ich nicht laufen, also geht es hinter Hienheim wieder über die Felder bis ans Ufer. Auf dem inneren Damm verläuft der Weg nur ein kurzes Stück, bevor es über den Kelsbach auf die Landzunge dann auf dem äußeren Damm weitergeht. Der Schotterweg auf dem Damm ist leider nicht besonders lauffreundlich. Daneben zu gehen bietet sich leider auch nur bedingt an, so dass die nächsten 5 km nur mäßige Freude bedeuten und die schlechte Laune, die ich nach den unfreundlichen Begegnungen eh schon habe, noch verstärkt. Immerhin habe ich einen schönen Blick auf den Fluss. So geht es gut eineinhalb Stunden geradeaus. Bald melden sich die Füße auch wieder. Kurz vor der Brücke fängt es dann auch noch an zu regnen – heute ist mein Pechtag! Also schnell die Regensachen ausgepackt, angezogen und über die viel befahrene Brücke! Die Brücke überquert neben der Donau und einer kleinen Überschwemmungslagune auch die Ilm, die mir in den nächsten Tagen ein treuer Gefährte sein wird. Auf der anderen Uferseite verlasse ich die Straße kurz vor Wöhr nach links und folge dem Pfad auf der zweiten Dammaufschüttung nach Norden. Inzwischen regnet es richtig, ja es schüttet, man sieht nur noch 15 m weit, aber es gibt weit und breit keine Unterstellmöglichkeit. Ich habe glücklicherweise gutes Equipment dabei, so dass ich meinen Weg fortsetzen kann. Entlang der Route stehen immer wieder kleine Infotafeln zu den Fischen, die in der Donau leben und diese Schilder setze ich mir als Mini-Etappenziele. Außer mir ist nur noch ein anderer Verrückter unterwegs. Der joggt mindestens zweimal an mir vorbei und hat scheinbar kein Problem mit der Nässe. Die restlichen 4 km vergehen schneller als gedacht und mit ein bisschen neuem Naturkundewissen erreiche ich den Ortskern, in dem ich mir erst einmal Kaffee und Kuchen zum Aufwärmen gönne.

Bad Gögging ist komplett auf Kurbetrieb ausgelegt. Entsprechendes Publikum findet sich hier. Dieser Wirtschaftszweig ist offensichtlich einträglich, den vielen neueren Häusern entlang der Straßen nach zu urteilen. Dennoch wundere ich mich über die schlechte Anbindung mit dem ÖPNV, da ich davon ausgegangen bin, dass Kurorte auch für mobilitätseingeschränkte Menschen ohne Auto gut zu erreichen sein müssten. Wer zum Beispiel in das nur 2,5 km entfernte Neustadt will, braucht je nach Tageszeit mal 5 Minuten mal 50 bei gerade einmal 13 Verbindungen pro Tag. Scheinbar haben alle Gäste ein Auto oder eine andere private Möglichkeit transportiert zu werden. Für die Luft des selbst ernannten Luftkurorts, gibt es sicher bessere Mobilitätsangebote. Kurz hinter dem Café liegt die Pension etwas abseits der Hauptstraße. Die Einrichtung ist schon etwas in die Jahre gekommen. Das macht mir aber nichts, zumal die Gastgeber sehr nett sind und großes Interesse an meinem weiteren Weg zeigen. Sie geben mir auch Tipps für Alternativrouten.

Abendessen gehe ich nach der obligatorischen Ruhe- und Regenerationsphase im Gasthof »Alter Wirt« in der Altstadt, die aus 6 Häusern um die Kirche herum besteht. Auf dem Rückweg laufe ich noch ein Stück am Fluss Abens entlang, der ruhig durch den Ort in Richtung Donau fließt.

Bad Gögging – Geisenfeld

Start   Pension Schwaiger, Bad Gögging
Ziel   Gasthof Glas, Geisenfeld

Routenlänge   24,98 km

Dauer (inkl. Pausen)   6,7 Stunden

Höhendifferenz   35 m / 507 m
Start–Ziel / gelaufen

An-/Abreise   Bus / Bus
mit ÖPNV möglich

ANREISEINFO Bad Gögging erreicht man am besten mit dem Bus von Abensberg, wo ein Anschluss an den Regionalzug nach Ingolstadt bzw. Regensburg besteht. Geisenfeld ist mit dem Bus von Ingolstadt erreichbar. Die Busverbindungen verkehren bei beiden Städten nur tagsüber und eher selten.

ORTE AUF DEM WEG Bad Gögging → Neustadt an der Donau → Geibenstätten → Gießübel/Straßberg → Engelbrechtsmünster → Geisenfeld

Diese und die folgende Route sind die beiden Tagesrouten, die mir am wenigsten Spaß gemacht haben. Abgesehen von der schlechten Anbindung beider Orte spürt

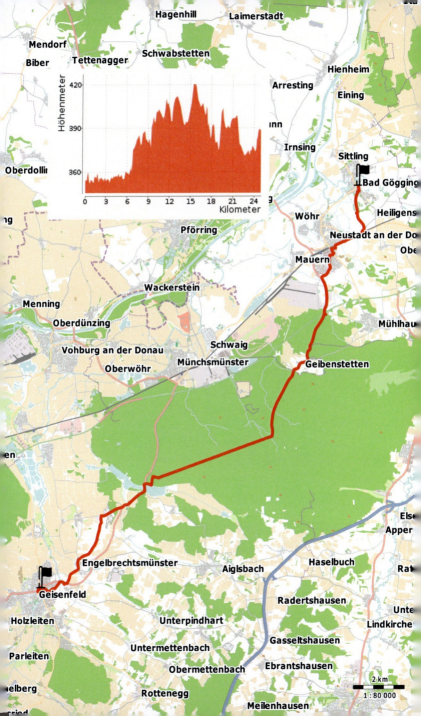

man meines Erachtens auf diesen beiden Routen den Preis für den bayerischen Wohlstand, der eng verbunden ist mit der intensiven Zerstörung und Zerstückelung der Natur, sehr deutlich.

Frisch gestärkt nach einem guten Frühstück verlasse ich Bad Gögging in südöstlicher Richtung auf geteerter Straße, die wieder auf dem Damm endet. Am Bahnübergang der Bahnstrecke Regensburg–Ingolstadt quere ich die Gleise und wandere dann unterhalb des Bahndamms nach Neustadt an der Donau weiter. Ich sehe zunächst noch etwas Betrieb auf den Feldern und erreiche nach ca. 45 Minuten die Ausläufer des Gewerbegebiets. Durch die Nähe zu Audi, Airbus und anderen Großfirmen sind hier viele Zulieferer angesiedelt und der rege Warenverkehr macht es mir schwer, die Landstraße zu queren. Schließlich schaffe ich es doch und laufe auf dem »Tannenweg« und der »Föhrengasse« weiter nach Südosten. Hier stehen zwar einige Einfamilienhäuser, aber es liegt der Geruch von Benzin intensiv in der Luft: Am Ende der »Föhrengasse« sehe ich dann auch die riesige Raffinerie, die allerdings nur eine von mehreren in der Gegend ist. An der Bundesstraße geht es weiter nach Süden. Allein auf den 1,5 km bis zum nächsten Abzweig begegnen mir zahlreiche LKW, die von oder zur Raffinerie bzw. den anderen Industriebetrieben unterwegs sind. Die Straße ist ziemlich neu, der Fahrrad- und Fußgängerweg einseitig und schmal. Die Prioritäten liegen überdeutlich auf der Hand! Am Kreisel, bei dem die Bundesstraße 299 in die B 16 einmündet, halte ich mich links und folge der Verbindungsstraße nach Geibenstätten. Es geht sanft bergauf, hier glücklicherweise mit wenig Verkehr. Und doch höre ich im Hintergrund die Bundesstraße. Je näher ich dem kleinen Örtchen komme, desto lauter wird auch der hochtourige Motorenlärm der nahegelegenen Teststrecke. Der Ort selbst ist recht nett und die Konstruktionen in den Feldern zeigen die Hopfenregion an. Hier treffe ich auch wieder auf den Jakobsweg, der von Bad Gögging in einer sehr großen Schleife über Mühlhausen, Geibenstätten und weiter nach Geisenfeld verläuft. Diese Schleife wollte ich mir ersparen, da sie größtenteils auf unspektakulären Feldwegen verläuft.

Kurz hinter Geibenstätten zweigt der Weg in südöstlicher Richtung in den Wald ab, verläuft dort aber in einer großen Schneise und ist geschottert. Auf der »Grenzstraße« genannten Strecke geht es schnurstracks geradeaus. Der Wald weist immer wieder kahle Stellen auf. Es wirkt nicht intakt sondern auf die Holzverarbeitung ausgerichtet.

Endlose Forststraßen im Dürnbucher Forst

Ein Stückchen weiter oben biege ich auf eine ähnlich aussehende Waldstraße (»Hauptgeräumt Straße«) nach Westen ab. Dieser Weg ist zwar Teil des Jakobsweges, aber schon die Beschilderungen weisen ihn vorwiegend als Radweg aus. Ich folge den hügeligen Wellen durch die recht monoton wirkende Landschaft.

Langsam fangen meine Fußsohlen wieder an zu brennen, da ich seit heute Morgen nur auf verdichtetem Boden unterwegs bin. An einem der aufgestapelten Baumstammhaufen lege ich eine Pause ein und horche in den leeren Wald hinein. Schade – man hört wenige Geräusche! Das Wetter sieht aber auch schon wieder nach Regen aus, vielleicht bleiben die Tiere deswegen in der Deckung.

Nach einer halben Stunde hat das Fußbrennen nachgelassen und ich setze meinen Weg durch den Wald fort. Nach einem Schlenker zum Oberweiher muss ich zwischen den Teichen ein kurzes Stück auf der Landstraße laufen. Da ich den Abzweig des Jakobsweges verpasst habe, muss ich bis Straßberg komplett neben der Bundesstraße laufen – nicht gerade angenehm bei diesem Schwerlastverkehr. Durch die Weiler »Gießübel« und »Straßberg« geht es bis zum Schafhof, wo ich endlich auf eine Verbindungsstraße abbiegen kann. Ein ziemlich aggressiver Hund ohne Leine und Zaun auf dem kleinen Hof lässt mich schnell werden. Hinter dem Hof schweift mein Blick über die ausgedehnten Hopfenfelder mit ihren Stangen und Drähten, an denen sich die Pflanzen in die Höhe ranken. Ich bin ein bisschen zu spät dran, die Ernte ist bereits eingebracht. Doch an manchen Drähten hängen noch Überreste der Früchte und ich zerreibe eine kaputte Hopfendolde in meinen Fingern. Der süßlich-fruchtig-frische Geruch ist sehr angenehm und wirkt beruhigend.

Hopfenanbau
vor Geisenfeld

Auf der Straße nach Schillwitzried komme ich durch einen Steinbruch zu einer großen Photovoltaikanlage. Der Himmel zieht gefährlich zu, meine Füße machen sich wieder arg bemerkbar, deshalb entscheide ich mich dafür den Jakobsweg zu verlassen und anstatt über Nötting lieber über Engelbrechtsmünster nach Geisenfeld zu laufen. Ich biege also links vor der Photovoltaikanlage auf die schmale Straße ab und darf kurz darauf meine Regenkleidung anziehen. Zunächst bei Nieselregen laufe ich auf der unebenen Teerstraße Richtung Südosten. Der Schmerz in den Füßen wandert langsam ins Knie, ein untrügliches Zeichen, dass bald das Ende kommen sollte, wenn ich nicht will, dass meine Hüften auch noch anfangen mich zu ärgern. Der Weg führt an einem kleinen, dafür aber akkurat gepflegten Segelflugplatz vorbei. Die Gegend ringsum ist auch hier mit unzähligen

Hopfenfeldern in den unterschiedlichsten Bauformen übersät. Das kleine Dorf Engelbrechtsmünster besteht aus einigen Häusern, der obligatorischen Kirche in der Mitte, und einem Getränkegroßhändler. Davor stehen LKW Schlange. Leider muss ich jetzt, bei dem stärker werdenden Regen direkt auf der Verbindungsstraße bis zur Bundesstraße laufen. Die vorbeifahrenden Fahrzeuge nehmen keinerlei Rücksicht. Bei jedem Überholmanöver kriege ich einen Schwall Wasser von der Seite ab und binnen kurzer Zeit sind nicht nur meine Schuhe tropfnass! Ich kreuze die Bundesstraße und stapfe bei Starkregen weiter auf dem »Wanderpfad« entlang der Ilm, vorbei an merkwürdigen Skulpturen bis in den Ort. Ich fühle mich völlig fehl am Platz als Fußgänger bzw. Wanderer, weil alles für Auto-/LKW-Verkehr reserviert ist. Eine kleine Runde durch den Ort auf der leider erfolglosen Suche nach einem offenen Café rundet den Tag ab. In einer der Bäckereien bekomme ich wenigstens etwas auf die Hand und unterhalte mich ganz nett mit der Verkäuferin.

Der Gasthof mit Pension liegt am östlichen Ende des kleinen Marienplatzes. Die alte Dame ist etwas überrascht von meinem Erscheinen, obwohl ich vorab reserviert hatte. Nach einem Telefonat mit ihrer Haushaltshilfe klärt sich die Sache recht schnell auf und ich bekomme mein Zimmer; gefühlt bin ich der einzige Gast. Das Interieur erinnert mich ein wenig an die Ausstattung meiner Oma, aber die Heizung funktioniert, so dass ich meine nassen Schuhe und Socken trocknen kann. Eine heiße Dusche und ein wenig Ruhe, dann bin ich wieder soweit aufgewärmt, dass ich mich zum Abendessen aufmachen kann. Es hat relativ viel geschlossen, ob wegen Corona oder weil es ein Wochentag ist, weiß ich nicht. Schlussendlich lande ich in der Pizzeria Lafonte. Anderen Gästen ging es scheinbar ähnlich, weil der Laden fast aus allen Nähten platzt. Das Essen ist gut, aber für den kleinen Ort etwas teuer. Die Nähe zu den großen Betrieben zeigt auch hier ihre Auswirkungen.

TAG 26

Geisenfeld – Reichertshausen

 Start Gasthof Glas, Geisenfeld
Ziel Gasthof Fuchs, Reichertshausen

 Routenlänge 31,70 km

 Dauer (inkl. Pausen) 7,3 Stunden

 Höhendifferenz 60 m / 448 m
Start–Ziel / gelaufen

 An-/Abreise Bus / Zug
mit ÖPNV möglich

ANREISEINFO Geisenfeld ist mit dem Bus von Ingolstadt erreichbar. Die Busverbindungen sind eher selten. Reichertshausen liegt an der Bahnstrecke Ingolstadt–München und wird stündlich vom Regionalzug bedient.

ORTE AUF DEM WEG Geisenfeld → Königsfeld → Fahlenbach → Rohrbach → Uttenhofen → Förnbach → Pfaffenhofen an der Ilm → Hettenshausen → Ilmmünster → Riedermühle → Reichertshausen

Beim Frühstück klagt mir die alte Eigentümerin ihr Leid über die schwer umzusetzenden Corona-Vorgaben und die Gäste heutzutage, die reservieren würden und dann

nicht kämen. Ein bisschen tut sie mir leid, nicht zuletzt, weil sie den Anschluss an das Internet verschlafen oder bewusst verpasst hat und ein Großteil heutiger Buchungen darüber abgewickelt wird. Zugegebenermaßen war es für mich auch nicht ganz einfach, diese Unterkunft zu finden, aber ich hatte Zeit und wollte in diesem Ort schlafen, weil er gut auf meiner Route lag. Tatsächlich war ich der einzige Gast.

Den Ort verlasse ich über den Marktplatz nach Südosten, am Sportplatz vorbei auf der Straße »Am Bad«. Jenseits der kleinen Ilmbrücke führt gleich rechts ein schöner Trampelpfad direkt am Wasser entlang, so dass ich nicht auf einer harten Asphaltstraße laufen muss. Der Weg endet auf einem größeren Feldweg und verläuft nach wie vor entlang des Ilm-Ufers in Richtung Rohrbach. Ringsum liegen relativ klein parzellierte Felder, auf denen wieder Hopfen, aber scheinbar auch Getreide angebaut wird. Dazwischen fließt die Ilm erstaunlicherweise ziemlich gerade und gemächlicher, als ich erwartet hatte. Das Wetter ist mittlerweile wolkenverhangen und grau

Ilm hinter Geisenfeld

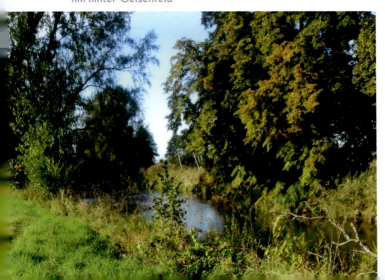

geworden, damit wirkt alles noch trister und eintöniger. Auf dem harten Weg (auch wenn hier noch nicht geteert), geht es mehr als eineinhalb Stunden gerade aus. Die unspektakuläre Kulisse führt dazu, dass ich stärker auf meinen Körper achte und den harten Untergrund verstärkt in den Füßen spüre. Nur die – unregelmäßig den nahen Flugplatz Manching ansteuernden – Airbus-Maschinen reißen mich aus meinen Gedanken über meine Fitness.

Nach knapp 7 km gelange ich zur Kläranlage von Rohrbach, von wo der Weg nun auf einer Teerstraße nach Königsfeld und über die Brücke in den Ort Fahlenbach führt. Am Ortseingang mopse ich mir eine kleine Hopfendolde von den Erntehinterlassenschaften und zerreibe sie wieder in den Händen: Irgendwie macht der Geruch süchtig.

Fahlenbach ist ein reiner Wohnort und als ich hindurch laufe wird gerade die Fahrbahn renoviert. Nicht nur die Ortsbewohner, sondern auch die Bauarbeiter beäugen mich etwas argwöhnisch. An der Kreuzung biege ich links auf die »Rohrbacherstraße« ab (wieder eine dieser Ortsstraßen mit winzigem Gehsteig), unterquere dann aber kurz hinter dem Ortsausgang den Bahndamm, um nicht auf der Verbindungsstraße laufen zu müssen. Jetzt geht es eine leichte Steigung hinauf. Der Jakobsweg verläuft weiter an der Straße entlang. Ich entscheide mich aber, in der nächsten Kurve auf den kleinen Feldweg abzubiegen, um wenigstens für etwas Entlastung der Füße zu sorgen. Der Weg endet beim Kindergarten »Sternschnuppe« und ich laufe im Zickzack wieder zur Ilm und zu einer der Bänke bei dem kleinen Teich hinter den Sportanlagen. Meine Füße brennen sehr, dabei habe ich erst 11 km geschafft. Wieder einmal wird mir bewusst, wie wichtig der richtige Boden ist und hoffe, dass es nach der Pause etwas weniger hart zugeht.

Etwas erholt und mit einer Brotzeit gestärkt, soll es nun also weiter gehen in Richtung Pfaffenhofen an der Ilm. Kurz hinter Rohrbach weist mich ein Schild daraufhin, dass der Weg entlang der Bahntrasse unter der Autobahn wegen Bauarbeiten gesperrt ist und man der Umleitung folgen soll. Die ist zum Glück nur 1 km lang und führt bei der nächsten Unterführung unter der Autobahn (A9) hindurch, die sich wie eine riesige Schneise durch die Landschaft fräst. Ich sehe die Autos Stoßstange an Stoßstange entlang zuckeln. Keine 5 Minuten später tönt das Martinshorn, weil wohl ein Unfall im Baustellenbereich passiert ist. Auf den asphaltierten! Feldwegen geht es nun 4 km durch die kahlen Hopfenfelder parallel zur Ilm bis zur »Zierlmühle«. Ich gebe meine Hoffnung auf, heute noch auf einem weicheren und angenehmeren Weg zu wandern, wenn sogar die Wege durch die Kulturlandschaft versiegelt sind. Auf dieser Tagesroute wird mir überdeutlich vorgeführt, was Flächenfraß bedeutet und welche negativen Auswirkungen der wirtschaftliche Wohlstand für den Erholungsfaktor der Region hat.

Ab der »Zierlmühle« folge ich der Straße »zur Kreuzmühle« immer am Bahndamm entlang. Die Bahnstrecke München–Ingolstadt ist stark von Personen- und Güterverkehr frequentiert. Ich vertreibe mir die Zeit auf dieser öden Strecke, in dem ich anhand der Streckenbeschilderung versuche, die Geschwindigkeit der vorbeirauschenden Züge zu errechnen.

Auf Höhe der Kreuzmühle passiere ich ein Wildgehege und füttere der neugierig antrabenden Hirschkuh meinen Apfelbutzen. Da ihr nichts passiert, traut sich der feige Hirsch heran, vertreibt dann aber gleich seine Damen von der Pole-Position.

Ich laufe weiter auf der Strecke bis nach Uttenhofen, wo der ohnehin schon suboptimale Weg endet und ab hier direkt an der Bundesstraße, auf dem obligatorischen 1 m breiten Fuß- und Radweg weiterführt. Der Lärm der vorbeirasenden Sportwagen und LKW macht das Bild der menschen- und tierfeindlichen Umgebung perfekt. Mir ist unklar, wieso es weiterhin erstrebenswert ist hektarweise Flächen mit irgendwelchen Straßen zuzupflastern!

So schnell es irgendwie geht, laufe ich diese scheußlichen 3 km bis zum nächsten Abzweig weiter. Aufgrund meiner zunehmenden Beinbeschwerden kommt es wohl eher einem Staksen gleich. Kurz vor dem Ortseingang von Pfaffenhofen kann ich dann auf einen kleinen »Lehrpfad« für Ausflügler einbiegen, auf dem auf Infotafeln die intakte Fauna und Flora entlang der Ilm gepriesen wird. Das ist etwas lächerlich, da es sich lediglich um ein kleines ausgewiesenes »Natur«-Gebiet handelt, das außenrum total zugebaut ist. Immerhin unterquert der Weg die Bundesstraße und weist dann tatsächlich ein paar schöne Fleckchen neben dem Ilmlauf auf. Hier sind plötzlich ein paar Sportler mit ihren unzähligen Gadgets unterwegs; den ganzen Tag habe ich bisher sonst niemanden gesehen. Auf dem anschließenden »Ilmtalradweg« laufe ich bis zum Festplatz und von dort in den schönen Ortskern von Pfaffenhofen. Den belebten Markt umstehen einige schöne Gebäude und natürlich die obligatorischen Kirchen. Ich beschließe meinen geschundenen Beinen noch eine Pause zu gönnen und setze mich in eines der Marktplatz-Cafés. Der Nachmittag beginnt ein wenig sonniger zu werden und ich wäre nach den bereits zurückgelegten 24 km eigentlich gerne sitzen geblieben, anstatt noch weitere 8 km auf Teerpisten

Marktplatz
Pfaffenhofen

zurücklegen zu müssen. Die Unterkunft hatte ich aber schon arrangiert und das war auch wegen der wenigen Angebote alles andere als einfach!

Der bayerische Jakobsweg verläuft von Pfaffenhofen über Scheyern nach Dachau, wo ich am nächsten Tag hin möchte. In Scheyern hatte ich aber keine Unterkunft gefunden und zudem wollte ich die danach folgenden Straßenabschnitte meiden. Nach langem Suchen vorab habe ich schlussendlich in Reichertshausen einen Gasthof gefunden und deswegen die Route so geplant. Also lieber weiterlaufen, als kompliziert umzudisponieren.

Aus Pfaffenhofen hinaus folge ich der Straße mit dem ungewöhnlichen Namen »Draht« und weiter auf dem »Kapellenweg« bis ich über der Kreisstraße auf der »Posthofstraße« lande. Die kleine Verbindungsstraße verfügt sogar über einen Gehsteig und führt mich zum Dorf Jahnhöhe.

Direkt an der Ilm führt leider kein Weg entlang und durchs Feld wollte ich nicht laufen. Schon von Weitem höre ich zwei Kinder aufgeregt ihrer Mutter zurufen, dass da ein Cowboy käme und laufe dann an zwei kleinen Jungs vorbei, die mich mit offenem Mund und großen Augen anstarren. Ich grüße natürlich freundlich, was die Aufregung noch mehr zu steigern scheint: Ein deutschsprechender Cowboy! Ich finde es nett und gehe langsam weiter zur angrenzenden Ortschaft Hettenshausen. Hier ist niemand auf der Straße und die beiden Gaststätten in der Ortsmitte haben leider geschlossen. Bei der einen sah die Schließung endgültig aus.

Hinter Hettenshausen folgt bald Ilmmünster mit dem namensgebenden hohen Kirchturm und einem kleinen Ortskern. Auf der »Riedermühler Straße« wandere ich weiter auf hartem Asphalt. Meine Füße scheinen mir nicht mehr zu gehören und ich bin froh, wenn ich diese Etappe geschafft habe. Die kleine Häuseransammlung »Riedermühle« besteht im Wesentlichen aus einem Viehhof, der zwar moderner wirkt als die Höfe, die ich in Ostdeutschland gesehen habe, aber nicht eben naturverbunden. Die letzten 2 km führen auf der kleinen Verbindungsstraße zur Bundesstraße und daran entlang in den Ort Reichertshausen hinein. Der alte Gasthof liegt nur ein paar Hundert Meter vom Ortseingang an der Bundesstraße. Ich bin zufrieden, endlich angekommen zu sein, aber leider ist keiner da. Am Telefon erklärt mir eine mürrische weibliche Stimme, dass erst ab 17 Uhr jemand da sei und ich bis dahin warten müsse. Bei den Preisen, die hier verlangt werden, finde ich das schon sehr kundenunfreundlich. Das Zimmer ist dann aber total in Ordnung und liegt zum Glück auf der straßenabgewandten Seite, so dass ich gut abschalten und mich ausruhen kann. Nach ein wenig Ruhe und intensiver Fußmassage gehe ich in den Gasthof zum Essen. Auch hier sitzt wieder eine Männerrunde zwei Tische weiter, die mich misstrauisch beäugt. Aber das bin ich inzwischen ja gewohnt. Die Gespräche drehen sich zur Abwechslung einmal nicht um »die im Osten«. Das ist einfach zu weit weg von hier.

TAG 27

Reichertshausen – Dachau

 Start Gasthof Fuchs, Reichertshausen
Ziel Bahnhof Dachau, Dachau

 Routenlänge 33,59 km

 Dauer (inkl. Pausen) 8,2 Stunden

 Höhendifferenz 32 m / 1096 m
Start–Ziel / gelaufen

 An-/Abreise Zug / Zug
mit ÖPNV möglich

ANREISEINFO Reichertshausen und Dachau liegen an der Bahnstrecke Ingolstadt–München und werden stündlich mit dem Regionalzug bedient. Dachau ist zudem mit der S-Bahn von München zu erreichen.

ORTE AUF DEM WEG Reichertshausen → (Ober-)Paindorf → Obermarbach → Petershausen → Asbach → Vierkirchen → Schönbrunn → Mariabrunn → Purtlhof → Deutenhofen → Hebertshausen → Dachau

Alleine in dem großen Gastraum nehme ich heute mein letztes Frühstück in einer Pension ein. Am Vortag hatte ich ja bereits den Jakobsweg verlassen, so dass ich jetzt

den Weg nach Dachau auf eigenen Wegen weiterlaufe. Die ramponierten Füße haben sich zum Glück wieder etwas regeneriert, nur die Fußgrundgelenke tun nach wie vor ein wenig weh. Nahezu 30 km auf harten Böden oder sogar Asphalt zu laufen, hinterlässt unweigerlich Spuren. Wo es geht, möchte ich daher heute Straßen meiden. Es gelingt mir auch zum Großteil! Leider gibt es wenige ausgedehnte und zusammenhängende Waldflächen, so dass der Wunsch nach vielen kleinen Waldpfaden eben genau das bleibt: Ein Wunsch.

Vom Gasthof laufe ich entlang der Bundesstraße und der sich daran anschließenden »Paindorfer Straße« in südlicher Richtung bis zum Ortsende. Hier führt eine Unterführung unter der Bahntrasse hindurch auf die Ostseite. Von dort schlängelt sich ein Feldweg den kleinen Hügel in den Wald hinauf. Unvermittelt ist viel Betrieb. Es steht die Maisernte an, da mehrere Traktoren mit Hänger durch die Gegend knattern. Der Hof, an dem ich vorbeikomme, wirkt wie eine Werbung für vollautomatisierte Landwirtschaft. Die Kühe stehen wiederkäuend darin und überall surrt und rumort es, als würden lauter kleine elektrische Helferlein Futter bringen und den Mist abtransportieren. Das kurze Stückchen durch den Wald ist schnell vorbei und wieder geht es bergab und weiter entlang der Bahntrasse. An dem Haltepunkt Paindorf und den zwei einsam dastehenden Häusern mit rauchenden Kaminen vorbei laufe ich immer Richtung Süden. Es wirkt wie in einer Bilderbuch-Einsiedelei; nur dass die Zivilisation gerade einmal 50 Meter auf der anderen Seite der Bahntrasse wartet. Inzwischen ist es richtig herbstlich geworden. Die Morgen sind sehr frisch und die Bäume verfärben sich zusehends. Es folgt ein weiteres kleines Waldgebiet mit Auf-und Abstieg und dann erwartet mich nach einem kurzen Straßenabschnitt auch schon der kleine Ort Obermarbach. Von hier erreiche ich nach weiteren 40 Minuten Fußweg den Bahnhof von Petershausen, der gleichzeitig Endhaltestelle der S-Bahnlinie nach Dachau ist. Wer also keine Lust mehr hat oder sich die folgende Teerpiste sparen will, kann hier einsteigen und sich einen Teil des weiteren Weges fahren lassen.

Ich lege hier am Bahnhof auf einer der dortigen Bänke erst einmal eine Pause ein und schaue dem regen Zugverkehr zu. Immerhin habe ich schon gut ein Drittel der Gesamtstrecke bewältigt und schlafe heute Abend bei Bekannten, so dass ich mir Zeit lassen kann. Mit etwas gelockerten Beinen laufe ich dann hinter der Bahnunterquerung weiter westlich der Bahntrasse auf einem kleinen Fußgängerweg bis zur nächsten Unterführung, von wo es östlich der Trasse weitergeht. Leider ist der Feldweg hier radfahrergerecht asphaltiert, so dass der weitere Weg nach Asbach (nicht der Ort, wo der Schnaps herkommt) – wieder einmal – nicht besonders beinschonend ist. Es folgt eine Brücke über den recht breiten Lauf der Glonn (interessanterweise liegt der Ort Glonn ganz woanders) und ein kurzes Stück am Feldrand hinauf hinter der Querung der Dorfstraße nach Asbach. Zwei weitere Kilometer auf befestigtem Untergrund verläuft die Route parallel zur Bahntrasse und ich vertreibe mir wieder die Zeit mit Geschwindigkeitsschätzungen der Züge und summe Wanderlieder. Kurz vor zwei kleineren Teichen biegt der Weg scharf links in ein kleines Waldstück ein und endet stetig bergaufsteigend beim Sportplatz von Vierkirchen.

Ich umrunde den Sportplatz in einem Bogen und komme dabei durch die von neugebauten Einfamilienhäusern geprägten Straßen. Es scheint ein wohlhabenderes Wohngebiet zu sein, urteilt man nach den Häusern und den davor geparkten Fahrzeugen. Auf der anderen Seite des Sportplatzes biege ich in den Feldweg nach Schönbrunn ein. Dieser ist zur Abwechslung einmal nicht geteert, sondern ein großer Kiesweg. Immerhin ein bisschen besser! Über die Hügelkuppe mit der Sonne im Gesicht folge ich der Schneise durch die immer gleichen grün, gelb oder ocker gefärbten Felder. Hopfenanbau findet hier nicht mehr statt. Das Wetter ist so klar, dass ich am Horizont bereits die Umrisse von München erkennen kann. Das macht mich etwas wehmütig, verdeutlicht es mir doch, dass sich die Reise dem Ende nähert. Als sich die Möglichkeit bietet durch den Wald – anstatt außen herum – zu laufen, biege ich nach rechts vom Weg ab und laufe auf deutlich angenehmerem Boden so langsam wie möglich weiter, um den angenehmen Weg möglichst lange auszukosten. Hier begegne ich ein paar Waldarbeitern, die mit schwerem Gerät Bäume fällen und abtransportieren. Als ich vorbeigehe ist gerade Brotzeit angesagt. So laufe ich durch eine schweigende und mampfende Mannschaft, die mich mit einem »Mahlzeit« begrüßt und mir ungläubig hinterherschaut. Hier sind Wanderer wohl eher selten unterwegs. Die beiden Waldstücke werden von einer Straße getrennt und mir wird wieder bewusst, wie zerstückelt und von Straßen zerschnitten die Landschaft hier im Gegensatz zu den riesigen Waldflächen – wenn auch dahinsiechende Monokulturen – in Brandenburg ist.

Es folgt ein weiterer Straßenabschnitt nach Schönbrunn hinauf. Hier steht ein riesiges Schloss, das trotz des Namens nichts mit dem von Sisi bewohnten Schloss gemein hat. Mittlerweile beherbergt das Areal eine große Behinderteneinrichtung. Ich spaziere über das Gelände und begegne einigen Bewohnern und ihren Pflegern. Die meisten haben gute Laune und lachen mich an, was gut tut.

Weiter geht es durch die Fußgängerunterführung der viel befahrenen Kreisstraße und auf einem weiteren Feldweg hinauf zur nächsten Hügelkuppe. Hier begegnen mir einige Spaziergänger, das Landschaftsbild ändert sich kaum. Der Feldweg steigt als kleinerer Waldweg stetig hinauf zum Dorf Mariabrunn. Eine kleine Blindschleiche stellt sich tot, als ich vorbeilaufe. Sie will dann aber möglichst schnell fliehen, als ich sie anstupse.

Das Zwischenetappenziel, Schlossgut Mariabrunn, liegt idyllisch zwischen Bäumen und Wiesen. In coronafernen Zeiten versammeln sich hier viele Ausflügler im Biergarten, jetzt ist leider alles geschlossen. Vor der kleinen Kapelle setze ich mich auf den Boden und gönne mir nach insgesamt 23 km Fußmarsch eine weitere Pause. Sanft bläst der Wind und ich bin trotz der Schmerzen glücklich und lasse den Moment auf mich wirken.

Peu a peu werden die Wolken dichter und es kühlt merklich ab, so dass ich beschließe, weiterzuwandern. Auf dem Waldweg verlasse ich Mariabrunn nach Westen und laufe durch mein letztes Waldstück auf der gesamten Wanderung. Es endet kurz vor Purtlhof. Am Wildgehege am Ortseingang vorbei führt mich ein Feldweg durch die ocker eingefärbte Landschaft mit zahlreichen Feldern nach Deutenhofen. Ein Hirsch blickt mir stoisch und vollkommen regungslos hinterher. Vielleicht denkt er wie ich, dass die Landschaft ein bisschen Abwechslung vertragen könnte. Mein Bedarf an Feldern ist jedenfalls fürs Erste gedeckt.

Am oberen Ortsrand von Deutenhofen laufe ich bergab und verlasse die Straße, um entlang des Mühlbachs zur Amper zu gelangen. Ich hatte gehofft an der Spedition vorbei auf die Amperinsel zu kommen und über das Wehr die Flussseite wechseln zu können. Da das leider Privatgrund ist, muss ich stattdessen nördlich der Amper auf einem kleinen, schönen Trampelpfad nach Hebertshausen laufen. Der Weg endet an der Bundesstraße und ich muss dieser ein gutes Stück bis zur abzweigenden Brücke folgen. Allein dieser Kilometer lässt mich wieder qualvoll auf meine schmerzenden Füße aufmerksam werden. So bin ich froh, kurz vor der Brücke wieder auf den kleinen Trampelpfad nördlich der Amper abzweigen zu können. Unzählige Schilder weisen mich darauf hin, dass ich hier auf eigenes Risiko laufe und herabstürzende Äste mich schwer

Amperweg
vor Dachau

verletzen könnten, wofür der bayerische Staat keine Haftung übernimmt. Ich finde, dass es hier inzwischen fast wie in Amerika ist, wo man permanent mit Haftungsausschlüssen auf das Risiko bei selbst einfachen Wanderungen hingewiesen wird. Dieses Risiko nehme ich gerne in Kauf und genieße die Kulisse mit der träge dahinfließenden Amper, den Biberspuren und das deutliche angenehmere Vorankommen auf dem Bastweg. Deutlich mehr Leute und auch ein paar Mountainbiker begegnen mir auf diesem Weg, dennoch hält es sich in Grenzen, weil der eigentliche Radweg zum Glück auf der anderen Flussseite verläuft.

40 Minuten später erreiche ich die große Verbindungsstraße, der ich zum Bahnhof »Dachau-Stadt« und von dort der Beschilderung zur Altstadt folge. Ich komme an einer riesigen Baustelle mit glitzernden Neubauplakaten vorbei und laufe in die hügelige schöne Altstadt mit ihren kleinen Geschäften hinauf zum Schloss. Die Wolken haben sich wieder etwas verzogen und ich habe von hier oben einen schönen Blick auf München und die

München und die Alpen am Horizont

Alpen im Hintergrund. Zum Abschluss des anstrengenden Tages setze ich mich noch in das nette kleine Café »Zaunkönig« und komme mit einer älteren Dame über das Wandern an sich ins Gespräch.

Die Nacht verbringe ich bei Bekannten. Die Stadt bietet aber viele Möglichkeiten, sowohl um Essen zu gehen als auch zum Übernachten. Bevor ich meine Bekannten anrufe, laufe ich noch zum Bahnhof, dem Endpunkt der Überlandwege. Hier mache ich genauso wie am Anfang der Wanderung ein Foto. Die morgige kurze Route verläuft im Wesentlichen durch Stadtgebiet, so dass für mich die »eigentliche« Wanderung in Dachau endet.

Dachau – München Pasing

Start Bahnhof Dachau, Dachau
Ziel Bahnhof München-Pasing, München

Routenlänge   14,24 km

Dauer (inkl. Pausen)   3,5 Stunden

Höhendifferenz   46 m / 176 m
Start–Ziel / gelaufen

An-/Abreise   Zug / Zug
mit ÖPNV möglich

ANREISEINFO Dachau liegt an der Bahnstrecke Ingolstadt–München und ist zudem mit der S-Bahn von München
zu erreichen. München-Pasing ist mit zahlreichen S-/Regional-
und einigen Fernverkehrsbahnen zu erreichen.

ORTE AUF DEM WEG Dachau → Karlsfeld → München-
Allach, München-Allach → München-Unter- & Obermenzing →
München-Pasing

Ursprünglich hatte ich – meiner Regel für Städte folgend – geplant in Dachau die Wanderung zu beenden,
es gab allerdings die Möglichkeit entlang der Würm
noch ein Stück weiter in die Stadt zu kommen. So habe

Riedmoos

Dachau

Vebling

Karlsfeld

Höhenmeter

510

480

0   3   6   9   12
Kilometer

München

Gräfelfing

2 km

1 : 80 000

ich mich dafür entschieden, bis Pasing zu laufen. Diese letzte Teilstrecke steht im Zeichen des Wassers. Zudem werde ich auf diesem Stück von meiner Freundin begleitet. Startpunkt sollte der Bahnhof von Dachau sein, an dem ich gestern geendet bin.

Über die »Augustenfelder Straße« geht es südöstlich aus Dachau hinaus und über bzw. unter dem Bundesstraßenkreuz hindurch zur »Rothschwaige«. Direkt am Ortseingang biegt man rechts auf den Weg neben dem »Reschenbach« und folgt diesem bis zur nächsten Brücke. Hier wechselt man über die Felder hinüber zum Lauf der Würm, kann aber auch hier nur kurz am Wasser entlanglaufen, da man die überdimensionierte Bundesstraße zwischen Dachau und München-Karlsfeld in einem größeren Bogen queren muss. Auf der anderen Seite folgen wir dann der Würm auf einem kleinen Pfad etwas länger nach München-Karlsfeld hinein. Der Weg geht in einen geteerten Fahrrad-/Fußgängerweg über und folgt der Würm durch ein Wohngebiet. Immer wieder kreuzen kleinere Brücken das schnell dahinfließende Flüsschen, bis man es dann selbst queren muss, um auf dem »Eichenweg« zum Bahnhof und kurz dahinter auf die gegenüberliegende Seite der Bahntrasse zu kommen.

An den Einfamilienhäusern vorbei und über den Autobahntunnel folgt man der Straße, bis sich wieder die Möglichkeit bietet, auf der westlichen Seite der Würm auf einem kleinen Weg weiter entlang des Wassers zu laufen. So wandern wir ein Stück durch den Ortsteil Allach – vorbei an einem Wehr und einem Spielplatz – bis wir an die Gaststätte »Zur Schießstätte« gelangen. Die Gaststätte heißt nicht ohne Grund so, schließlich tagt hier der königliche Schützenverein. Der »Paul-Ehrlich-Weg« wird gekreuzt und weiter geradeaus folgen wir der

»Behringstraße«, die hinter einer Häuserfront direkt neben der Würm verläuft. Rechts des Weges wechseln sich bebaute Gebiete mit kleineren Feldern ab; linker Hand, auf der anderen Seite der Würm, stehen ältere Häuser mit Gärten, die bis ans Wasser heranreichen. Immer wieder gibt es kleine Inseln in dem dahinrauschenden Flüsschen. Wenn es nicht so kalt wäre, würde ich am liebsten durch das Wasser waten und auf einer der Inseln eine Pause einlegen. Es geht weiter stromaufwärts bis wir auf der rechten Seite das große Friedhofsgelände von Untermenzing erreichen. Auf der linken Seite des Flusses befindet sich die Aussegnungshalle. So wird der Tote über das Wasser zum Friedhof getragen – eigentlich eine ganz schöne Vorstellung, die an den Styx, den Fluss, der die Welt von der Unterwelt trennt, erinnert.

Nachdem wir die große »Mühlangerstraße« überquert haben, gelangen wir wieder auf einen kleineren Weg (leider geteert), der weiter entlang der Würm führt. Durch einige gepflegte Wiesen ist eine schöne Parkanlage entstanden. Immer weiter dem Plätschern der

An der Würm entlang

Würm folgend langt man schließlich beim spätgotischen Schloss Blutenburg an. Das Schloss wird von der Würm hufeisenförmig umflossen und beinhaltet heutzutage eine Jugendbibliothek. Natürlich verfügt das Areal auch über eine Schloßschänke, die zum Verweilen einlädt, was wir mit Begeisterung machen.

Die letzten 2 km auf dem Grünstreifen um die Würm herum gehe ich extra langsam und lasse noch einmal die letzten Tage Revue passieren. Nach ca. 670 km Fußmarsch und fast einem Monat Wanderschaft ist dann plötzlich das Ziel erreicht. Glücklich, aber gleichzeitig auch ein wenig traurig setze ich mich in das Café am Bahnhofsplatz. Ich genieße es aber auch, angekommen zu sein.

Bei einem Kuchen lassen wir den angebrochenen Nachmittag ausklingen, bevor es dann mit den öffentlichen Verkehrsmitteln in das neue Heim geht.

Alle, die in München zu Gast sind, können entweder in eines der Hotels in der Nähe vom Schloss Blutenburg oder sie nutzen auch den ÖPNV, um in das Münchner Zentrum zu gelangen. Dort finden sich für jeden Geschmack Übernachtungs- und Einkehrmöglichkeiten.

Epilog

Liebe Leser:innen,

wahrscheinlich denkt Ihr jetzt: »Wieso schreibt man in einem Reisebericht und Wanderführer einen Epilog?«. Gute Frage, ich wollte Euch aber nicht nach 28 Tagen, die Ihr mit mir gereist seid, einfach so sang- und klanglos in München-Pasing abstellen.

Spaß beiseite: Ich wurde oft gefragt, wie es sich nach einer solch langen Wanderschaft anfühlt, am Ziel angekommen zu sein. Und tatsächlich fühlte sich das anfangs – zumindest für mich – sehr merkwürdig an.

Für die Füße und Beine war die Ruhe der ersten 3 Tage nach den strapaziösen Asphaltrouten auf den letzten Tagesstrecken dringend nötig. So konnten die Blessuren abheilen und der Belastungsschmerz im Fußballen ging auch weg. Der Rest des Körpers war hingegen nicht so erholungsbedürftig. Vielmehr fehlte die körperliche Aktivität in den Tagen danach.

Ich kümmerte mich also zunächst um meine Ausrüstung, die etwas gelitten hat. Meine Schuhe und Einlagen waren total durchgelaufen, so dass der Schuster mir riet, Neue zu kaufen. Eine Reparatur würde sich nicht mehr lohnen. Schade, denn jetzt waren sie eigentlich richtig eingelaufen. Auch die Hälfte meiner T-Shirts musste ich leider entsorgen, weil sie ausgeleiert und vergilbt waren. Ansonsten hat mein Equipment gut gehalten und war nach intensiver Reinigung wieder einsatzbereit für die nächste Wanderung.

Mental brauchte ich aber deutlich länger, um mich von dem Tagesrhythmus des letzten Monats wieder zu lösen. So ertappte ich mich anfangs am Morgen, wie ich innerlich die Liste der nach der Nacht wieder in den Rucksack einzupackenden Gegenstände durchging. Seltsam empfand ich auch, den Tag über nicht aus dem Schlauch zu trinken und wieder an einem Tisch Mittag zu essen.

Am Schwierigsten war aber, wieder mit der Masse an Menschen in der Stadt zurechtzukommen. Schließlich war ich die letzten Wochen größtenteils allein in der Natur unterwegs. Die vielen Menschen, der Lärm und auch der Gestank in der Stadt überforderten mich zuerst ziemlich. Insofern kam mir die – nur kurze Zeit nach dem Ende meiner Wanderung – verabschiedete Verschärfung der Corona-Maßnahmen entgegen. Im Nachhinein hatte ich unglaublich Glück, dass ich meine Tour überhaupt machen konnte. Weder die Übernachtungen in den geplanten Unterkünften wurden storniert noch galten irgendwelche Bewegungseinschränkungen. Mit einem harten Lockdown wäre diese Tour so nicht möglich gewesen.

Zu diesen Punkten, die mir das Ankommen etwas erschwerten, kam mein unbändiger innerer Drang draußen unterwegs zu sein und es fiel mir sehr schwer, mich den Großteil des Tages drinnen aufzuhalten. Längeres Sitzen fühlte sich auf einmal total unnatürlich an und nach spätestens einer Stunde musste ich aufstehen und mich bewegen. Die Corona-Maßnahmen wirkten hier zusätzlich kontraproduktiv. Daher versuchte ich, mir kleine Stadtfluchten zu suchen und trotz der Beschränkungen – soweit es möglich war – draußen unterwegs zu sein. So bin ich viel mit dem Fahrrad gefahren und habe ausgedehnte Spaziergänge und Ausflüge im ÖPNV-Einzugsgebiet in meine Woche eingebaut. Und trotzdem – es hat mindestens zwei Wochen gedauert, bis ich innerlich etwas ruhiger geworden bin und nicht ständig voller Bewegungs- und Tatendrang aufgesprungen bin.

Dazu kommt – wie nach jeder längeren Reise – das Gefühl der Eintönigkeit im »normalen« Leben. Die vielen kleinen täglichen Erlebnisse, aber auch die verschiedenen körperlichen Erschöpfungszustände fehlten jetzt. Das Leben verlief wieder in viel weniger spektakulären Bahnen. Damit zurechtzukommen ist am Anfang eine echte Herausforderung, vor allem wegen meiner gewählten Reiseform. Bei einer Wanderung kommt das intensive Körpergefühl zu den äußeren Eindrücken hinzu. Diese Erfahrung fehlt zum Beispiel bei einem Road Trip mit dem Auto.

Insgesamt habe ich durch die vier Wochen zu Fuß unterwegs sein das Wandern noch einmal mehr schätzen gelernt. Ich habe regelrecht Blut geleckt. Das ruhige Vorankommen – ganz bei sich und seinen Gedanken sein können – hat nicht nur etwas Meditatives, sondern macht auch extrem gute Laune. Insofern wird diese Wanderung sicher nicht meine Letzte gewesen sein.

Gerade Deutschland habe ich bei dieser Reise (wieder einmal) gemerkt, ist vielfältiger als zunächst gedacht und bietet verschiedenste Möglichkeiten zum Wandern. Die unterschiedlichen Regionen sind nicht nur kulinarisch und kulturell interessant zum Entdecken, sondern auch geographisch sehr abwechslungsreich. So kann jeder nach seinem Geschmack eher sportlichere oder gemütlichere Touren planen. Mit der vorhandenen Infrastruktur also insgesamt super Voraussetzungen für angehende Fernwanderer wie mich.

An dieser Stelle möchte ich Euch für den Kauf des Buches und das Interesse an meinen Erlebnissen danken!

Ich hoffe, Ihr findet darin ein wenig Inspiration und könnt mithilfe der Routenvorschläge einige Abschnitte oder aber auch die gesamte Reise auf eigene Faust nachgestalten. Ihr macht sicherlich ganz eigene und andere Erfahrungen als ich. Wer möchte, kann mir danach auch seine Eindrücke und oder Routen schicken, damit ich sie auf meinem Blog anderen Interessierten ebenfalls zugänglich machen kann.

In diesem Sinne wünsche ich allen frohes Wandern und frei nach Goethes: »Was ich nicht gelernt habe, habe ich erwandert« viele neue Erlebnisse und Erfahrungen!

Daniel

Dank

Eine solch lange Wanderung und auch die Umsetzung in Form eines Buchs sind natürlich nicht ohne Unterstützung möglich.

Zuerst möchte ich meiner Freundin danken. Nicht nur hat sie meine verrückte Idee nach München zu laufen und knapp einen Monat nicht da zu sein, stoisch ertragen. Sie hat es sogar gefördert.

Dann meinen Eltern, die mich auch gleich unterstützt haben und mir vieles an Equipment geliehen haben. Nicht zuletzt haben sich beide durch die verschiedenen Versionen des Buchs gekämpft.

Danken möchte ich auch Liam, der mich ein paar Tage mit dem Zelt begleitet hat und dafür auch die zusätzliche Ausrüstung gestellt hat.

Vielen lieben Dank auch an Franziska für den Leih-Rucksack, er war Gold wert!

Jan hat mir dankenswerterweise die anfängliche Bleiwüste in einen ansprechenden Buchsatz verwandelt und obendrauf noch ein schönes Cover gestaltet.

Uschi hat sich bereit erklärt, sich durch die vielen Textseiten zu wühlen und mir mit ihren zahlreichen sprachlichen Korrekturen und Verbesserungsvorschlägen sehr geholfen. Vielen Dank dafür!

Nicht vergessen möchte ich außerdem die unzähligen Freiwilligen, die den Open-Source-Kartendienst »Openstreetmaps« pflegen, erweitern und Anwendungen für die Nutzung und Ausgabe der Karten kostenfrei zur Verfügung stellen. Ohne Openstreetmaps wäre weder meine Orientierung während der Wanderung möglich gewesen noch hätte ich hier im Buch Karten mit der tatsächlich gelaufenen Route inklusive Höhenprofil darstellen können.

Kontaktadressen

(alphabetisch nach Ort)

Pension Treppengasse
Tel. 03447 / 313549
Treppengasse 5/6
04600 Altenburg

Pension Petzold
Tel. 03424 / 352613
Gustav-Adolf-Straße 37C
04849 Bad Düben

Pension Schwaiger
Tel. 094 45 / 95670
Schulstraße 7
93333 Bad Gögging

Pension Borna
Tel. 03433 / 204368
Grimmaer Straße 30
04552 Borna

Pension Zum Weißen Raben
Tel. 033843 / 920190
Dorfstraße 10
14823 Rabenstein/Fläming,
OT Garrey

Gasthaus / Pension Zur Blauen Traube
Tel. 09622 / 2155
Hauptstraße 16
92274 Gebenbach

Gasthof Glas
Tel. 08452 / 421
Marienplatz 5
85290 Geisenfeld

Pension Förster
Tel. 03763 / 2386
Pestalozzistraße 34 a
08371 Glauchau

Hotel Strauß
Tel. 09281 / 9720630
Bismarckstraße 31
95028 Hof

Pension Zum Weißen Rössl
Tel. 09473 / 234
Alte Regensburger Straße
93183 Kallmünz

Gasthof Berzl

Tel. 09441/1425
Hafnergasse 2
93309 Kelheim

Hotel Markgraf Leipzig

Tel. 0341/30 30 30
Körnerstraße 36
04107 Leipzig

Deutsche Jugenherberge Wittenberg

Tel. 03491/505205
Schlossstraße 14/15
06886 Lutherstadt
Wittenberg

Hotel Sonnenthal

Tel. 09234/204
Kösseinestraße 8
95700 Neusorg

Hotel am Klostermarkt

Tel. 03741/2899656
Klostermarkt 4
08523 Plauen

Hotel Kahrmühle

Tel. 09644/91376
Kahrmühle 1
92690 Pressath

Deutsche Jugendherberge Regensburg

Tel. 0941/4662830
Wöhrdstraße 60
93059 Regensburg

Pension zur alten Gärtnerei

Tel. 03765/7939676
Zenkergasse 19
08468 Reichenbach im
Vogtland

Gasthof Fuchs

Tel. 08441/2387
Pfaffenhofener Straße 8
85293 Reichertshausen

Pension Rundblick

Tel. 09624 /1512
Taubenbacher Straße 40
92286 Rieden

Pension Britta

Tel. 033748/10070
Goethestraße 9
14929 Treuenbrietzen

Gasthof / Pension Dagner

Tel. 0961/22314
Wallensteinstraße 1
92637 Weiden i. d. Oberpfalz

Hotel zum Waldstein

Tel. 9253/9549574
Kirchenlamitzer Straße 8
95163 Weißenstadt

City Pension

Tel. 0176/74146026
Marienstraße 32
08056 Zwickau